KB201081

하나님의
호의를 입은
그대에게

하늘을 바라보며 사는
가 장 행복한 사 람

—

하나님의
호의를 입은
그대에게

정연철 지음

교회성장연구소

읽을 때는 위로가,
덮고 난 후에는 소명이 떠오릅니다

요즘은 누구나 코로나19로 힘든 시간을 보내고 있습니다. 그래서 따뜻한 위로와 영적 활력소가 필요합니다. 우리의 삶을 성령충만하도록 강력한 도전의 메시지와 절대 긍정이 필요한 시대입니다.

모든 것이 멈춰있는 이 상황에서, 변함없이 살아 역사하시는 하나님을 바라보고 의지하며 생명 되신 예수님의 심장을 다시금 느끼고 소명을 회복해야 합니다.

아버지 하나님과 주 예수 그리스도께로부터 평안과 믿음을 겸한 사랑이 형제들에게 있을지어다 우리 주 예수 그리스도를 변함 없이 사랑하는 모든 자에게 은혜가 있을지어다 (엡 6:23-24)

정연철 목사님은 남다른 열정이 있는 분입니다. 양산 지역에 삼양교회를 세우고 우직하게 목회를 하며 한빛국제학교를 통해 다음 세대를 준비하였고 베데스다 병원은 지역을 헌신적으로 섬기며 예수님의 사랑을 실천하였습니다.

이런 귀한 목사님의 사역과 삶을 책을 통해 생생하게 접할 수 있어 더없이 기쁘게 생각합니다. 특히 이 책은 지금 이 시대를 향한 우리의 소명을 되새기게 합니다. 목회자는 목회자대로, 성도들은 성도대로, 각자에게 허락하신 하나님의 뜻을 바라보고 위로의 음성을 듣게 합니다.

막막해 보이는 지금 이 시대에 한 줄기 빛이 될 거라는 소망을 가져봅니다. 이 책을 통해 새로운 역사를 펼치실 하나님의 인도하심을 기대하며 바라봅니다.

여의도순복음교회 담임목사
이영훈

목회 45년의 잠언이다

정연철 목사의 『하나님의 호의를 입은 그대에게』는 목회사역 45년 그의 목회철학이 녹아있는 진솔한 고백이요 투명한 잠언이다.

목회현장에서 만난 다양한 상황 속의 영혼들을 섬기며 갈고 다듬은 살아있는 메시지들이다. 때로는 좌우에 날선 검처럼, 때로는 따뜻하고 젖은 음성으로 마음에 다가온다. 사변적이지 않는 논리와 현란한 기교가 배제된 표현은 순전한 그리스도에게로 초대하는 사랑의 편지다.

아픔이 있는 자들 곧 위로가 필요한 심령들에게는 이렇게 권면한다.

"혼돈이 찾아올 때 자신을 바라보면 그 혼돈에 휩쓸린다. 그러나 십자가를 바라보면 요동치 않는다…. 연약해 보여도 그리스도의 생명이 있기에 우리는 그 어떤 존재보다 강력하다."

또한 혼란한 시대 속에서 개혁을 추구하는 자들에게는 담백한 선언을 준다.

"격동하는 시대 속에 뛰어들어 하나님의 뜻을 전하는 역사를 만들어 나갈 수 있다. 이것이 하나님의 뜻에 따라 살아가는 길이다."

이와 같은 저자의 권면들은 하나님 중심, 그리스도 중심의 세계관, 즉 성경 중심의 개혁신학을 실천하는 바른 목회의 증언들이다.

장기목회의 완주자 정연철 목사는 그의 목회사역을 되돌아보면서 다음과 같은 고백으로 압축해 준다.

"교회는 목회자가 위로부터 오는 능력을 의지한 채 무릎 꿇는 만큼 성장한다."

저자 정연철 목사는 성공 프레임에 갇혀있지 않고 복음 확산의 플랫폼 역할에 천착해 온 긴 여정을 이 그릇에 담았다.

이 책은 방황하는 현대인을 위한 깃발이요, 잠든 영혼을 깨우는 뿔고동 소리다.

박종구 목사
월간목회 대표

예수님을 품은 마음 안에 성도들을 담다

예수님은 하나님 사랑하는 것이 첫째 되는 계명이라 하시고 네 이웃을 네 자신 같이 사랑하는 것도 그와 같다고 말씀하셨다. "이에 열둘을 세우셨으니 이는 자기와 함께 있게 하시고 또 보내사 전도도 하며"(막 3:14)라고 말씀한다. 전도하게 하신 것 못지않게 제자들과 함께 하신 것도 주님의 사역이었다. 개혁주의는 하나님 중심이지만 하나님 그 중심에는 항상 사람이 있다. 이것을 몸소 보여주신 분이 우리 주님이시다. 해를 품은 달처럼 정연철 목사님은 그 마음에 예수님을 품고 사역하셨다. 예수님을 품은 그의 마음에는 항상 성도들이 있었다. 그가 39년 동안 어떻게 성도들을 마음에 품었는지 이 책에 고스란히 담겨져 있다. 아름다운 수필과도 같고, 은혜로운 설교문과도 같고, 따뜻한 위로 편지와도 같은 이 책은 독자의 심금을 울리는 것에 그치지 않고 독자와 예수님의 손을 포개어 준다. 얼마나 위로가 되는지, 얼마나 은혜로운지, 얼마나 힘이 되는지 읽어보면 알게 될 것이다.

이재서 목사
총신대학교 총장

하나님의 호의를 입은
가장 행복한 그대에게

우리는 지금 눈앞의 현실 앞에 돌파구가 보이지 않는다고 말합니다. 그러나 그리스도인들에게 유효한 돌파구가 있습니다. 그것은 바로 예수 그리스도의 십자가입니다. 십자가는 어떤 상황에서도 성도의 유일한 문제의 해결책이기 때문입니다. 우리는 저마다 다양한 문제와 아픔을 안고 있지만, 예수님은 우리에게 회복의 자리에서 영적 도약을 이룰 새로운 가능성을 열어주십니다. 그러므로 우리 앞에 놓인 문제들은 하나님께서 우리를 부르시는 음성으로 받아들여야 합니다. 과연 너희가 나를 향할 것인지, 아니면 너희가 너희 욕심을 향할 것인지 선택을 요구하시는 것입니다.

은퇴를 앞두고 하나님의 은혜에 다시금 깊이 잠겨봅니다. 처음부터 함께했고 지금껏 함께해 온 수많은 교인들과 함께 일구어 왔던 열정적인 교회개척의 역사가 주마등처럼 머리를 스쳐 지나갑니다. 기도의 끈을 놓지 않고 기도로 밤을 지새우고, 말씀으로 함께 나누고, 격려하고, 울고 웃으며 지내왔던 시간들…. 교회의 다리를 놓으시고 생을 달리하신 장로님들과 권사님들, 집사님들, 그리고 지금도 믿음의 동역자로서 함께하고 계시는 성도 여러분들…. 하나님의 계획에 함께 쓰임 받게 하심에 감사와 경배를 돌리지 않을 수 없습니다. 하나님의 은혜가 아니라면 결코 할 수 없었던 목회였습니다.

특별히 지금까지 부족한 목회자가 여기까지 올 수 있었던 것은 영적으로 기도와 말씀으로 오랜 경륜으로 저에게 본이 되어 주시고, 멘토로서 부족한 부분들을 일깨워 주신 (故)옥한흠 목사님과 필라 영생장로교회 이용걸 목사님이 베풀어 주신 사랑의 영향이었을 것입니다. 그리고 이 책을 발간할 수 있도록 도움주시고 수고하신 교회성장연구소 출판 관계자 분들과 추천해 주신 이영훈 목사님과 월간목회 박종구 목사님 그리고 총신대학교 이재서 총장님께 감사와 경의를 표합니다. 끝으로 힘들고 어려운 위기 가운데서도 기도와 용기를 아끼지 않고 응원해 준 사모와 가족에게도 진심으로 감사하고 사랑한다고 전하고 싶습니다.

이제 이 책을 통해 모든 분들과 하나님의 사랑과 지혜를 함께 공유하고 싶습니다.

마지막으로 이야기하고 싶습니다.

당신은 분명 하나님의 호의를 입은 사람입니다.

하나님의 호의를 입은 당신은

위기가 찾아와도 주님의 사랑과 위로로부터 벗어날 수 없는 사람입니다.

혼란의 무게보다도 주님이 주신 평안의 무게가 더 무겁다는 것을 알게 되는 사람입니다.

외로움 가운데 하나님의 동행하심을 깨닫게 되는 자며,

죄의 무게에 허덕이기보다는 죄로부터의 가림을 주시는

주님의 은혜의 자유함을 더 가까이 경험하게 되는 자입니다.

인생의 갈피를 못 잡을 때에도 결국 먼저 손 내미시는 주님의 손길을 꼭 붙잡는 사람입니다.

첩첩산중 쌓인 문제 속에서 문제의 해답은 오직 하나뿐임을 알게 되는 사람입니다.

하나님이 세운 공동체를 십자가와 부활로 더욱 굳게 하는 사람입니다.

그런 당신은,

하나님의 은혜를 입은(창 6:8) 당신은,

이 세상에서 가장 행복한 사람입니다.

2020년 9월

양산 삼양교회에서 **정연철**

목차

1장 _ 위로가 절실한 사람들에게

2장 _ 시대적 혼란 가운데 처한 사람들에게

9장 _ 교회를 이끌어 가는 리더들에게

1장

위로가 절실한
사람들에게

절망의 지점에
다다른 사람들에게

다윗이 사울을 피해 아둘람 굴에 들어왔다.
초라하고 비루하기 이를 데 없는 모습이었다.

그때 사람들이 다윗에게로 찾아왔다.
400명가량의 사람들이 그렇게 모였다.

모인 이들 하나하나가 다윗의 신세와 닮아 있었다.
환난당한 자들,
빚진 자들,
마음이 원통한 자들(삼상 22:2).
저마다 아프고 지친 사람들이었다.
세상 사람들의 눈으로는 보잘것없고 버림받은 사람들이었다.

세상 사람들은 그들에게 "끝났다"고 말했다.
하지만 하나님에게는 그 자리가 끝이 아니었다.
끝처럼 보이는 그 순간은

오히려 소망이 시작되는 시점이었다.

다윗은 그들과 더불어 항상 소망을 품었다.
그러고는 담대하게 외쳤다.

> "하나님이여, 내 마음이 확정되었고 내 마음이 확정되었사오니
> 내가 노래하고 내가 찬송하리이다
> 내 영광아 깰지어다! 비파야 수금아 깰지어다!
> 내가 새벽을 깨우리로다!"(시 57:7-8)

다윗은 믿음으로 외쳤고
그들은 소망으로 화답했다.

세월이 흘렀다.
하나님이 약속하신 시간이 다가왔다.
쫓기던 신세였던 다윗은 왕이 되었고
미약하게만 보이던 그들은 나라를 이끄는 사준사구가 되었다.
그들의 어깨에 중책이 맡겨졌다.
새로운 사명이 주어졌다.

비루하기 이를 데 없던 그들이

이제는 하나님이 세우신 나라를 위해 사용되어진
위대한 지도자들로 변모했다.

이것이 하나님의 법칙이다.
우리 인생을 이끄시는 하나님의 방법이다.
가난과 환난과 원통함은 새로운 영적 도약을 향한 출발지점이다.

언젠가 극심한 생활고로 하나님을 향해 목 놓아 부르짖던
성도의 기도를 들은 적이 있다.
어디 이런 분들이 한둘일까.
원통함, 애통함을 안고 있는 성도들이 많다.
저마다 눈물겨운 사연이 있다.

열심히 살려고 발버둥치다가
예상밖의 사고로 마음고생하는 성도,
돌연 신용불량자로 낙인찍혀
이렇다 할 직장조차 구할 수 없는 성도,
코로나19로 사업의 앞뒤가 꽉 막혀 오지도 가지도 못 하는 성도.

돈도 명예도 권력도 없는 사람들이다.
희망이라곤 조금도 보이지 않는 사람들이다.

하지만 나는 이런 성도들을 생각할 때마다
소망이 내 마음 한구석에 밀려들어옴을 느낀다.
그 소망으로 인해 가슴 벅차오름을 느낀다.

그들이 절망이라 규정한 그 지점이
새로운 소망을 꽃피우는 지점이기 때문이다.
하나님이 새 역사를 이루실 순간에 다다른 것이기 때문이다.

무엇보다 하나님이 이루실 새 역사는
반드시 해피엔딩이다.
우리가 그 결말을 당장 상상하지 못할 뿐,
그 역전의 드라마는 반드시 기쁨과 영광으로 마무리된다.

상상하지 못하는 그 소망이 지금 우리 안에 있다.
하나님이 예비해 두신 그 소망이
그 누구도 아닌
내 안에, 내 삶에 놓여 있다.

미약한 존재감으로
설움을 겪는 사람들에게

언젠가 오케스트라 공연을 본 적이 있다.

무대를 꽉 메운 장엄하고 화려한 악기들.

그리고 장엄한 연주에 몰입하고 있는 많은 사람들.

그런 자리에서는

큰 소리 나는 악기에 귀를 기울이기 마련이다.

눈에 띄는 악기에 주목하기 마련이다.

그때 나는 특별한 것에 시선이 갔다.

저 구석진 곳에 위치한 손바닥만 한 작은 트라이앵글.

그리고 작디작은 악기를 들고 어쩌다 한 번씩 연주하는 연주자.

큰 규모의 악기들 속에서

작은 악기 소리는

존재감을 발휘하지 못하는 것만 같았다.

하지만 그 연주자는 자신의 연주파트에 온 정신을 쏟고 있었다.

대부분의 사람들은 큰 것에 관심이 많다.
큰 소리 나는 것에 대해 관심을 두고
큰 것을 취하려 하고
큰 자리에 앉으려 한다.
그러면서 자신도 모르게
작은 것을 소홀하게 생각한다.

성경을 읽을 때도
'삼천 명, 오천 명' 등의 큰 숫자에 더 집중한다.

그러나 주님은
소수에 주목하신다.
작고 미약해 보이는 것에 집중하신다.

예수님은
아무도 밖으로 나오지 않는 시간에
사마리아의 '한 여인'을 만나기 위해 뙤약볕에 나오셨다.
그 누구도 관심 주지 않았던
무덤가의 거라사 광인을 만나기 위해
제자들과 함께 광풍이 휘몰아치는 바다를 건너가셨다.

사람들이 저마다
큰 것, 큰 권세, 큰 명예에 관심을 두고 있을 때,
주님은
한적한 곳을 찾으며 작은 한 영혼에 집중하셨다.
주님에게는 그 작아 보이는 영혼이
누구보다 소중한 존재였기 때문이다.

작은 트라이앵글을 연주하는 연주자,
없어도 그만일 것 같은 그 소리가
거대한 오케스트라 연주를 완성하는 역할을 했다.
연주자가 정확한 지점에서 트라이앵글을 연주함으로
그 오케스트라 연주는 성공적으로 마무리될 수 있었다.

우리 인생도
우리의 신앙생활도
우리의 목회도
작은 것들 하나하나가 모여 완성되어 간다.
작은 것들에 의해 아름답게 가꾸어진다.
하나님이 그 작은 것에
원대한 뜻, 깊은 뜻을 담아두시기 때문이다.

생을 스스로 마감하려는
사람들에게

―――――

45분…
중학교 수업시간이 대개 45분이다.
경찰청 집계에 따르면
지난 해 우리나라에서 자살로 인해 목숨을 끊은 사람이
1만 3005명이라고 한다.
거의 40분에 한 명이 스스로 세상을 떠나버린 격이다.
학생들 입장에서는 쉬는 시간 종소리가 날 때마다
'이름 모를 한 분이 세상을 버리고 스스로 죽음의 길로 갔구나.' 하고
묵념해야 할지도 모를 일이다.

가족과 단란한 생활을 하는 사람이
주변에 많은 친구들과 즐거운 교제를 나누는 사람이
사랑에 흠뻑 빠져있는 사람이
자살하는 경우는 거의 없을 것이다.

스스로 죽음을 선택했다는 자체가

비극적인 삶의 모습을 예상하게 만든다.

입시에 실패하여 선택해 버린 자살,
생활고를 비관한 자살,
왕따나 집단구타에 따른 자살,
극도의 우울증으로 인한 자살,
사회지도층 인사의 자살,
가족 동반 자살…
이제는 생면부지의 사람들끼리 동반 자살하는
자살 동아리마저 생겨날 정도라 한다.

그렇게 그들은
가장 외롭고
가장 초라하고
가장 견디기 힘든 그 순간에
스스로 생을 마감했다.

경기도의 한 수양관에 머무르면서
자신을 돌아볼 기회를 가진 적이 있었다.
"살아오는 동안
하나님과 가장 충만한 교제의 시간을 누렸던 때가 언제였을까?"

아이러니하게도

내가 가장 외로울 때였다.

내 주변에 아무도 없을 때였다.

성경인물들도 마찬가지가 아니었을까.

엘리야, 모세, 세례 요한…

'하나님과 밀접한 교감을 나눈 위인들'이다.

동시에 빈 들과 광야에서

사무친 외로움과 고독에 시달리던 자들이었다.

하나님과의 친밀한 교제, 그 이면에

고독과 외로움이 자리하고 있었던 것이다.

예수님 또한

광야에서 극도의 외로운 순간을 견뎌내셨다.

하지만 그 기간 동안

오직 하나님과만 마주하며

가장 영광된 시간을 보내셨다.

세상이 나를 버린 것만 같을 때,

내가 혼자인 것만 같을 때,

그때가 바로

하나님과 가까이할 수 있는 특별한 기회다.
하나님과만 독대할 수 있는 최고의 순간이다.

하나님은 깊은 고독 속에서 우리를 만나시려고
우리가 사랑하는 것들과 결별하게 하시는지도 모른다.
이별의 끝에
당신을 향한 사랑이 비로소 시작되는 것을 깨닫게 하시려고
그 고통을 잠시 안겨주시는지도 모른다.

하나님을 깊이 만나려는 신앙인은
'잠근 동산' 같아야 한다.
자살하고 싶은 충동을 느낄 그 순간,
벼랑 끝에서 들려오는 하나님의 세미한 음성에 귀 기울여야 한다.

신앙은 더러운 연못에서 피어나는 한 떨기 꽃과 같다.
물이 더럽다고 꽃이 더러운 것이 아니다.
연못의 더러움이 그 꽃을 더럽히지 못하고
오히려 거름이 되어 순결한 꽃으로 피어나게 하듯
세상적인 조건이나 환경이 우리를 어찌하지 못한다.
세상이 나를 포기한 그 순간이
오히려 참 친구이신 하나님과 더 가까이 마주할 시간이다.

"내 누이, 내 신부야 네 사랑이 어찌 그리 아름다운지

네 사랑은 포도주보다 진하고 네 기름의 향기는

각양 향품보다 향기롭구나

내 신부야 네 입술에서는 꿀 방울이 떨어지고

네 혀 밑에는 꿀과 젖이 있고 네 의복의 향기는

레바논의 향기 같구나

내 누이, 내 신부는 잠근 동산이요 덮은 우물이요

봉한 샘이로구나"

(아가 4:10-12)

나아가야 할 방향을
못 찾는 사람들에게

고난은 어디에서 오는 것일까?
절망의 이유는 무엇일까?

사람이 자학하는 이유는
고통 그 자체 때문이 아니다.
삶이 힘들어서 자학하는 것이 아니라,
내일이 보장되지 않기 때문에 절망하는 것이다.

이는 율법의 틀 안에 갇힌 인간의 모습이다.
이들은 자기가 어디서 왔고,
어디로 가는지 알지 못한다.
그래서 더 괴로워하고 더 절망스러워 한다.

나아가야 할 향방을 몰라 괴로워하는 자들에게
성경은 분명히 말씀한다.

"의인은 고난이 많으나
여호와께서 그의 모든 고난에서 건지시는도다"(시 34:19)

이 말씀은 고진감래를 보장하는 말씀이 아니다.
고난 뒤에 행복이 온다는 내용을 전하려는 것이 아니다.
오히려 고난이 많다고 말씀한다.

하지만 여기에 덧붙인다.
고난이 많음에도 감당하고 견딜 수 있는 것은
여호와의 구원 때문임을 증거한다.

곧 고난 뒤에 찾아오는 것이 행복이 아닌
하나님 안에만 있는 소망을 증거한다.

주의 온전한 구속 안에만 소망이 있음을 고백할 때
핍박과 고통 가운데서도 감사할 수 있다.
세상이 말하는 행복의 조건이 아니어도 웃을 수 있다.
오직 주님 한 분만으로 기뻐할 수 있다.

결국 우리는 하나님 안에 거하기만 하면 된다.
우리가 나갈 방향은 이미 정해져 있다.

하나님 안에 거하면
곧 하나님의 구속을 의지하면
그다음은 하나님이 알아서 이끄신다.
더 이상 절망할 필요도
괴로움을 유지할 필요도 없다.

소수에 속한다고
생각하는 사람들에게

예수님의 일은
자신을 추종하는 사람을 끌어모으는 것이 아니었다.
멸망 받아야 할 세상으로부터
참된 자기 백성을 구하시는 것이다.

사람들이 다 떠나고
그 속에서 단 한 사람만이
예수님의 참된 백성으로 남는다 할지라도
예수님은 그 한 사람 때문에 기뻐하신다.

오늘날 대다수 교회가
세상의 이치에 기준을 둔다.
세상의 사고방식으로 판단한다.

아무리 옳은 말씀이라고 할지라도
그것이 성장이나 부흥과 연결되지 않으면

옳지 않은 말로 치부해 버린다.

아무리 잘못된 말이라고 할지라도
그 결과가 교회의 부흥과 재정의 증가로 연결되면
진리로 인정해 버린다.
그만큼 진리의 문은 좁다.

그리스도인이라면
'다수'에 의미를 두는 세상의 사고에 휩쓸릴 필요가 없다.
'다수'에 속하지 않았다는 비난에 휘둘릴 필요도 없다.

예수님의 편에 선 단 한 사람,
내가 그 사람이면 되는 것이다.
예수님의 편이라는 것,
그 하나면 충분하다.
그것으로 족하다.

하나님과의
뜨거운 첫 만남

경북 포항 구룡포 바닷가 마을에서 태어난 나는 방학 때면 절에 들어가 공부를 하곤 했다. 그만큼 불교세가 강한 집안에서 성장했다. 군복무 시절, 그 마을의 남자 권사님이 관사로 매번 찾아와 교회에 나오라고 권유해 왔다. 끈질긴 권유에 못 이겨 찾아간 교회. 그곳에서 놀라운 광경을 목격했다. 예수 믿는 사람들의 평안이 넘치는 모습에 흠뻑 빠져버렸다. 나 역시도 그 은혜 안에 거하고 싶었다.

전도사님의 소개로 휴가 기간 동안 부흥집회에 참석했다. 뜨거운 은혜를 체험하고 싶어서였다. 2주간 맨 앞자리에 앉아 하나님의 은혜를 사모하며 부르짖었다. 아무런 반응이 없자 이후에는 20일간 금식하면서 밤 11시부터 새벽 5시까지 작정기도를 시작했다. 그 과정에서 하나님을 만났고 세상에서 무엇과도 바꿀 수 없는 기쁨과 평안이 찾아왔다. 온 세상이 그렇게 아름다울 수가 없었다. 그렇게 은혜를 받고 새 삶을 살게 되었다. 내 인생에 빛이 깃들었던 순간이었다.

하나님의
호의를 입은
그대에게

2장

시대적 혼란 가운데 처한 사람들에게

_ 자신의 경험에 의존해 왔던 사람들에게

_ 율법적 틀에서 벗어나야 할 사람들에게

_ 혼돈, 허무, 흑암에 노출된 사람들에게

_ 하나님의 개편(改編)을 바라보는 사람들에게

_ 이 시대를 부여잡아야 할 사람들에게

자신의 경험에 의존해 왔던
사람들에게

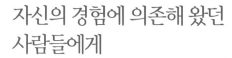

미세한 바이러스가 교회의 존립을 위협하고 있다.
언제 발걸음을 멈출지 우리는 알 수 없다.
세상 나라의 경제적 기저가 힘을 잃고 있고,
기업들이 위기 속에서 한숨을 짓고 있다.

문제 앞에서 시행착오를 줄이기 위해
사람들은 경험을 의지한다.

그러나 그 경험으로 인해 더 좌절한다.
경험을 넘어선 예상치 못한 사건 앞에서 더 울상을 짓는다.
경험만으로
거대한 시대상황을 거스를 수 없음을 깨닫게 된다.

문제 앞에서 인간의 경험이란
문제해결의 임시방편에 불과하다.
문제의 근본적인 해결방법이 될 수 없다.

인간의 경험이 만들어낸 전통, 윤리, 도덕, 법체계는
진리가 아니다.
진리로 향하는 과정일 뿐이다.

코로나19를 맞이하는 한국 교회의 모습을 안타까움으로 바라본다.
'혼돈'과 '혼란'이라는 표현이 적합할 듯하다.
바이러스의 직접적 영향으로
이 짧은 시간에 혼란과 혼돈에 휩싸이고 말았다.
저마다 근본적 원인과 문제의 유출자를 알지 못하기에
더 혼란스러워 한다.

어쩌면 이 기회가
우리의 경험을 내려놓을 기회인지도 모른다.
경험에 의존하여 신앙생활을 하던 태도.
경험에 의존하여 하나님을 판단하던 태도.
그 태도를 버릴 절호의 기회가 바로 지금이다.

믿었던 그 경험을 신뢰할 때,
하나님을 향한 믿음은 더욱 간절해진다.
더욱 뜨겁게 달아오른다.

율법적 틀에서 벗어나야 할 사람들에게

한국 교회는
율법에 정체되어 있었다.
교회, 예배, 선교가 율법에 갇혀 있었다.

지금 코로나19는
한국 교회가 유지해 온
그 율법적 틀을 일시에 뒤흔들고 있다.

이 기회를 통해 살펴보자.
교회의 몸이신 예수님이
왕으로서 존립하는 교회를 찾아볼 수 있는가?

정말로 예수님이 왕으로 존립하는 교회라면
이 위기에서도 무너지지 않는다.
그러나 예수님보다 율법이 앞선 교회는
무너지고 휘청인다.

상실감에 휘둘린다.

교회가 있는데 교회가 없고,

예배가 있음에도 예배할 수 없다고 생각하는 것.

이런 상실감에 빠져있다면

율법이 예수님보다 우선한 것이다.

가지고 있다고 생각한 것들이

바이러스로 인해 없다고 생각하는 것이다.

교회가 차단되고,

예배가 온라인예배로 대치되고,

관계가 단지 폰에 의지할 수밖에 없는 처지라 할지라도

그것이 우리를 상실감으로 몰아넣을 수 없다.

말씀을 붙잡고 살아가는 성도는

교회를 건물로 간주하지 않으며

예배를 장소에 구속하지 않는다.

그리스도의 몸과 피로 세워진 성도 자체가 교회이기 때문이다.

십자가상에서 다 이루신 하나님의 뜻이

교회라는 시공간의 틀에 갇히지 않고

성도 가운데 힘 있게 역사하고 있기 때문이다.

코로나19는 우리에게 분명히 알려준다.
율법적 틀에서 벗어날 것을.
신앙이란 '메임'이 아니라 '자유함'이라는 것을.

그 자유함 속에서도
스스로 말씀을 묵상할 줄 아는 것,
가정의 일원으로서 가정예배의 자리에 나아가는 것,
이것이 진정한 교회의 기초임을 발견하게 한다.

그동안 우리는
개인이 말씀 안에 거하지 않고
가정이 말씀으로 하나 되지 못하면서
교회 다니는 것만으로 신앙을 확신해 왔다.
그렇게 모순된 신앙을 가지며 살아왔다.

이제는 새롭게 깨달아가고 있다.
교회에서의 예배, 그것이 다가 아니었음을.
내 안에 살아있는 예배,
가정이 함께하는 예배.
그 예배가 교회의 예배로 연결되어야 했음을.
이제라도 하나님은 깨닫게 하신다.

일상에서 진짜 예배를 드리는

진짜 예배자의 길을 열어 주고 계신다.

혼돈, 허무, 흑암에 노출된
사람들에게

이단이 가지는 공통점이 있다.
그들은 성경의 본질로부터 벗어나 있다.
인간 중심의 신앙에 매여 있다.
거짓 계시로 인간을 메시아로 모신다.
그야말로 비상식적이고 비논리적이다.

하지만 사람들은 맹목적인 충성과 믿음을 보인다.
논리의 거짓이 드러남에도
새로운 논리를 통해 거짓 논리를 정당화한다.

말 그대로
혼돈이 허무와 뒤섞이고
허무가 흑암을 바라보며
흑암이 혼돈과 뒤섞인다.

혼돈과 허무와 흑암의 세력은

자신을 혼돈, 허무, 흑암이라 인식하지 못한다.
당연함 그 자체로 받아들인다.

혼돈과 허무와 흑암의 세력은
자신의 존재가 하나님의 창조보다 우선한다고 자부한다.
하나님의 창조세계를 인정하지 않고 창조주를 부인한다.

혼돈과 허무와 흑암의 세력은
오직 자기의 세계만을 원하며 창조의 완성을 부정한다.
창조를 거부해야 자신의 존재성을 지킬 수 있기 때문이다.

이러한 혼돈과 허무와 흑암은
자신이 속한 세력에게 안정감을 준다.
죄로 점철된 인간에게
혼란은 가장 큰 위로가 되기 때문이다.

이것이
신앙을 가장한 이단종교가
사람들에게 위로와 소망을 주고
간교하게 안착할 수 있는 이유다.

하지만 그들이 착각하는 것이 있다.
혼돈과 허무와 흑암을 관장하시는 분은
창조주 하나님이시다.
주님께서는 이미 십자가를 통해
혼돈과 허무와 흑암의 권세로부터 승리하셨다.

혼돈이 찾아올 때
자신을 바라보면 그 혼돈에 휩쓸린다.
그러나 십자가를 바라보면 흔들리지 않는다.

허무가 밀려올 때
자신에게 집착하면 허무함에 동요된다.
그러나 십자가를 의지하면 요동치 않는다.

흑암이 엄습할 때
자신에게 집중하면 두려움에 사무친다.
그러나 십자가를 신뢰하면 주저하지 않는다.

혼돈, 허무, 흑암은
절대적인 한 가지 진리 앞에서
한순간에 소멸되는 세력일 뿐이다.

하나님의 개편(改編)을 바라보는 사람들에게

한동안 전 세계가
종교로서의 교회의 한계에 갇혀 있었다.
개혁을 외치지만 개혁의 진전이 없었다.

교회는 분열로 치달았고
세상적인 조직체로 군림하기 시작했다.
이익집단으로, 정치와 경제의 시녀로 전락하고 있었다.

이 틈을 비집고 온갖 이단들의 난무함에도
교회는 손을 쓰지 못했다.
십자가와 부활의 고귀한 가치를 드러내지 못한 채
이단의 실체 앞에서 떨기만 했다.

이 시점에서 되돌아본다.
이제껏 한국 교회가 건강한 신앙을 세우기보다는
세상의 종교인을 세운 것은 아닌가.

어쩌면 하나님은 코로나19를 통해
종교화된 교회를 새롭게 탈바꿈하시려는 건지도 모른다.

흑사병의 유입.
몽고의 침입,
이슬람의 유입이
하나님 나라 확장의 도구가 되었듯
이 상황 또한
진정한 하나님의 나라를 세우시려는
하나님의 사인일 수 있다.

코로나 사태가 장기화되면 될수록
우리는 하나님의 질서에 주목해야 한다.
다른 것을 두려워할 것이 아니라
하나님의 펼쳐가시는 역사를
두려움과 떨림으로 바라보아야 한다.

하나님이 새로운 질서를 이뤄나가실수록
우리가 쌓아 올린 바벨탑의 허상을 파악하게 될 것이다.
그것이 단지 사상누각에 불과함을 경험하게 될 것이다.
그 또한 우리는 두려움으로 지켜보아야 한다.

그 두려움 속에서 철저히 회개로 나아가야 한다.

지금까지 한국 교회를 교회 되지 못하게 한
말씀에 대한 왜곡과 세상과의 타협의 한계를 돌이키고
말씀의 회복 가운데서 그 방향성을 찾아야 한다.

지금이 그 방향을 바로잡을 타이밍이다.

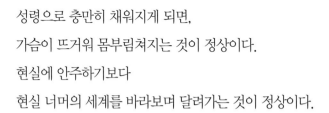

이 시대를 부여잡아야 할
사람들에게

성령으로 충만히 채워지게 되면,

가슴이 뜨거워 몸부림쳐지는 것이 정상이다.

현실에 안주하기보다

현실 너머의 세계를 바라보며 달려가는 것이 정상이다.

이때 기독교는

어쩔 수 없이 세상과 충돌하게 된다.

바로 이 순간부터

혼란이 시작된다.

세상의 교섭이 시작된다.

세상의 유혹이 강화된다.

성령의 이끄심 속에서 강력하게 전진하는 만큼

사탄의 방해는 더욱 거세어지기 마련이다.

혼란이 가중되는 것이 정상이다.

이때 우리는 이 시대의 엘리야가 되기를 선포해야 한다.

이 시대의 엘리야는 바로 지금의 그리스도인들이다.

엘리야는 갈멜 산에서 당당히 하나님의 살아 계심을 증거했다.

바알과 아세라 선지자 앞에서 조금도 흔들리지 않았다.

그 갈멜 산은 따로 있는 것이 아니다.

성경 지명에 국한되는 것이 아니다.

이 시대를 부여잡고

"하나님은 살아 역사하신다."라고 당당히 외치는 그리스도인이

있다면 그가 서 있는 곳이 바로 영적 갈멜 산이다.

우리는 이 시대를 위해 부름 받은 '왕 같은 제사장'들이다.

오늘 이 시대를 부여잡고, 당당하게 맞서자.

세상의 비위를 맞추는 하녀가 되지 말자.

결과는 이미 정해져 있다.

승리는 살아 계신 하나님의 것이다.

곧 우리에게 승리가 주어진다.

주의 종으로
부르심을 받다

처음 주의 종으로 부름을 받았을 때 그 길을 가기가 망설여졌다. 당시 목회자들의 삶이란 너무 어렵고 고단했다. 사업가가 되어 장로로 교회를 잘 섬겨야겠다는 마음을 갖고 곧바로 신학교에 가지 않았다. 결국 이런저런 사업을 하다가 다 실패하고 말았다.

사업에 실패하고, 예수 믿는다는 이유로 집안에서는 배척을 당하고, 내 삶은 순식간에 내리막길로 치달았다. 이후 처절한 상황에서 하나님과 더 깊은 만남을 경험하게 되었고 경기도 광주에서 2시간을 더 걸어야 하는 마을에서 사역을 하게 되었다. 3평짜리 작은 기도처소였다. 75세대가 사는 손 씨 문중 마을인데다가 무속신앙이 강해 교회를 세울 수 없는 마을이었다.

단 한 명을 데리고 2천 명 앞에서 설교를 하듯 열정을 다해 설교를 했다. 그때 동네 청년들이 떼로 몰려와 몽둥이로 나를 때렸다.

그때 하나님은 이사야 40장의 '너는 내 것이라 두려워하지 말라'는 말씀을 주셨다. 놀랍게도 나를 때린 청년들은 먼저 찾아와 용서를 구했다. 그곳에서 신학교를 마치기까지 5년간 사역하며 하나님의 은혜를 경험했다. 그리고 그 마을에 교회를 세우게 되었다.

하나님의
호의를 입은
그대에게

3장

하나님과의 관계 회복을
바라는 사람들에게

_ 하나님과의 관계에 벽을 느끼는 사람들에게
_ 삶이 지루하다고 생각하는 사람들에게
_ 새 사람으로 살길 원하는 사람들에게
_ 하나님과 일대일 교제가 필요한 사람들에게
_ 자기 방법대로 고통을 이해하려는 사람들에게
_ 하나님의 응답을 간구하는 사람들에게

하나님과의 관계에
벽을 느끼는 사람들에게

사도 바울은 이스라엘의 불신앙의 원인을 한마디로 요약한다.
"율법이 신앙을 가려 버렸다."

이 말은 이렇게 바꾸어 표현할 수 있다.
"하나님의 것을 사람의 것으로 만들어 버렸다."

율법은 신앙을 가릴 수 없고
하나님의 것을 사람의 것으로 만들 수 없다.
곧 인간의 율법적 행위가 믿음을 대신할 수 없다.
그 어떠한 고상한 종교적 모습으로도 하나님께 나아갈 수 없다.

하지만 사람들은
하나님의 것을 자신의 것으로 바꾸어 버렸다.
하나님의 언약을 외면해 버렸다.
그때부터 율법에 대한 잘못된 적용이 나타나기 시작했고
하나님을 하나님으로 바라보지 못하게 되었다.

율법에 갇혀 하나님을 바로 알지 못하게 되었다.

그 결과는 참담했다.
자신의 하나님을 십자가에 달리게 했다.
율법적 토대 위에 서 있다 보니
자신을 위해 오신 예수를 알아보지 못한 것이다.
원대한 하나님의 계획을
자신들의 교묘함으로 없애버리려 한 것이다.

그 시절 이스라엘 백성의 모습이
현재 우리의 모습이다.

우리는 우리만의 법에 갇혀 하나님을 보지 못한다.
우리만의 계획에 갇혀 하나님의 계획을 외면한다.
심지어 우리의 법과 계획을 하나님의 뜻이라고 주장한다.

이제 가려져 있던 것을 걷어내어야 한다.
나만의 법,
나만의 계획,
나만의 주장,
그것을 걷어내어야 한다.

하나님을 막았던 인간의 법칙을 제할 때
하나님의 은혜가 온전히 임한다.
그 빛의 찬란함이 우리의 삶에 그대로 임한다.

삶이 지루하다고 생각하는
사람들에게

———

운동기구 중에 가장 힘든 것이 러닝머신이라고 한다.
그냥 걷기만 하면 되는데 왜 힘든 것일까?

걷긴 걷는데 나아가지 않기 때문이다.
제자리걸음만 하고 있기 때문이다.

오늘날 사람들이 힘들어하는 것 중 하나가
변화가 없는 삶이다.
지루한 삶이다.

아무리 노력을 해도 기대할 것이 전혀 없을 때,
삶의 의욕은 극도로 낮아진다.
이것이 현대인에게 찾아오는 또 하나의 고통이다.

그러나 변화 없이 쳇바퀴 도는 듯한 삶이
현대인의 표상이라고 해도

그리스도인은 그들과 달라야 한다.
무료함에 젖어있을 필요가 없다.

그리스도인들은 새로운 피조물이기 때문이다.
구원의 삶이란 예수 안에서 새로운 삶이 시작되었다는 것이다.
하나님이 구원을 통하여 우리에게 주시고자 하는 것은
새 사람을 입는 것이다.

"하나님을 따라 의와 진리의 거룩함으로
지으심을 받은 새 사람을 입으라"(엡 4:24)

새 사람이란
하나님의 형상을 새롭게 덧입은 자아,
하나님으로부터 날마다 새로운 힘을 공급받는 자아,
걸어가도 곤비치 아니하고 달려가도 피곤치 않는 힘을 가진 자아,
그야말로 하나님의 열정이 전이된 자아를 말한다.
예수 안에서 우리가 이 놀라운 새 사람을 입게 된 것이다.

무엇보다 그 새로움은 매순간 제공된다.
일회적으로 끝나는 것이 아니라
항상 우리를 새롭게 한다.

성령도 늘 우리 안에서 새로운 은혜를 부어주신다.

예수님이 오신 것도 이 때문이다.
새로움으로 가득한 삶을 선물해 주시려고 이 땅에 오신 것이다.
그 새로움이 넘치는 삶이 구원받은 자의 삶이다.

날마다 새로운 역사를 바라보자.
하나님은 우리의 삶이 지루하게 반복되는 것을 원치 않으신다.
우리가 날마다 독수리같이
'새롭게' 날아오르는 삶을 살아가기 원하신다.

하나님의 은혜는 우리의 상상을 완전히 깨뜨린다.
우리가 기대하는 것, 그 이상으로 우리의 삶을 채우신다.
우리가 예상하는 것, 그 너머로 우리 삶을 영화롭게 하신다.

새 사람으로 살길 원하는
사람들에게

100살에 아무것도 못할 것 같은 노인 아브라함이
하나님을 만나게 되자
새 사람이 되었다.
믿음의 조상이 되었다.

바로에게서 도망쳐서 두려움에 떨던 모세가
하나님을 만나게 되자
새 사람이 되었다.
지팡이 하나로 이스라엘 백성들을 이끌어 내는
위대한 지도자가 되었다.

새 사람들에게는 새 사람들만의 법칙이 있다.

새 사람은 과거를 떠나는 삶을 산다.
새 옷을 입기 위해서는 헌 옷을 벗어 버려야 하는 것처럼,
새 사람을 입기 위해 옛 사람을 벗어던진다.

과거의 잘못된 생각이나 잘못된 삶을 과감히 끊어 버린다.

> "너희는 유혹의 욕심을 따라 썩어져 가는
> 구습을 따르는 옛 사람을 벗어 버리고
> 오직 너희의 심령이 새롭게 되어
> 하나님을 따라 의와 진리의 거룩함으로
> 지으심을 받은 새 사람을 입으라"
> (엡 4:22-24)

새 사람은 목표가 분명한 삶을 산다.
우리의 옛 사람은
더듬이 잘린 개미가 길을 잃고 헤매는 것과 같이,
무엇을 위해 사는지조차 모르는 모습을 하고 있었다.
그러나 새 사람이 되면
헤매던 삶을 청산하고 목표를 향해 나가게 된다.

베드로는 인생의 목표랄 것이 따로 없이
그럭저럭 살던 사람이었지만,
예수님을 만난 뒤 '사람 낚는 어부'로 변했다.

바울은 사람을 잡아다가 옥에 가두던 인생이었지만,

다메섹 도상에서 주님을 만난 뒤
모든 삶의 푯대가 정확하게 세워졌다.

우리에게도 목표가 있다.
하나님께서 우리를 창조하실 때,
분명한 목적을 정해 놓으셨다.
하나님께서 정하신 목적을 우리의 푯대로 삼고,
바울처럼 그 푯대를 향하여 달려가야 한다.
이것이 새 사람으로서의 삶이다.

새 사람은 쉬지 않고 전진하는 삶을 산다.
절망의 시대에 가장 두드러지게 나타나는 특징은
움츠러드는 것이다.
모두가 다 가만히 있으려고만 한다.
해서 실패할 바에는 안 하는 것이 낫다는 논리를 가지고 있다.

어떤 일을 하다가 실수하는 것이 실패가 아니다.
아무것도 하지 않고 세월을 보내는 것이 실패다.
믿음의 삶이란
실수를 두려워하지 않고 모험하는 삶을 사는 것이다.

하나님의 비전을 품은 새 사람은
능동적으로 나아가야 한다.
주 안에서 진취적이고, 적극적인 삶이 새 사람이 사는 방식이다.

옛사람을 벗어던지고
하나님이 정해 두신 목표를 바라보고
그곳을 향해 전진하는 것,
이것이 새 사람이 사는 법칙이다.
곧 우리가 사는 법칙이다.

하나님과 일대일 교제가
필요한 사람들에게

———

젊은 시절,

우리 동네에는 자전거로 통학하는 학생들이 참 많았다.

그중에는 나도 포함되어 있다.

자전거는 당시 내게 있어 수족(手足)과도 같은 존재였다.

서툰 솜씨로 타다가는

이리 넘어지고 저리 처박히고 하기를 여러 차례.

내 자전거는 내가 얻은 상처만큼이나

많은 상흔(傷痕)을 안고 있었다.

저와 내가 입은 그 생채기가 잊힐 무렵,

나는 두 손을 놓고서도 자전거를 탈 수 있게 되었다.

자동차가

현대 도시를 대변하는 교통수단이라면,

자전거는

과거 시골에서 살던 우리의 모습을 빼닮은 분신이다.

빠르고 편안하며 여러 명을 태울 수 있는 자동차에 비해,
확실히 자전거는 느리고 불편하다.
첨단 메커니즘으로 결합된 자동차를 대하다가
자전거를 보면 정말 단순하기 짝이 없을 정도다.

그러나 나는 그런 자전거를 좋아한다.

전도사 시절,
힘들게 페달을 밟으며 십리를 멀다 않고 심방을 다닐 때,
그때 흘린 땀방울이
지금의 내 신앙의 기저(基底)를 형성하고 있다고 믿는다.

자동차의 핸들(steering wheel)은
손가락으로 돌려도 방향을 휙휙 바꿀 수 있지만,
자전거의 조향 장치는 나의 몸 그 자체다.
자전거와 내가 한몸이 되어 같이 움직일 때,
원하는 방향으로 나아가는 것이다.

'Give and Take' 문화에 익숙해진 현대인들은
어쩌면 자동차와 비슷한지도 모른다.
기름을 주지 않으면 움직이지 않는 자동차와도 같다.

그러나 자전거 시대에 살던 우리의 모습들은
녹슬어 움직일 수 없을 때까지 아무것도 바라지 않고
오직 노력에 의해 앞으로 전진하는 자전거의 속성과 많이 닮았다.
오늘날 편의주의 신앙에 물들어 있는 사람들에게
자전거의 신앙을 깨달으라고 권하고 싶다.

단순하지만 정직하고,
불편하지만 일체감을 주고,
타인의 신앙에 편승할 수 없는,
'주님과 나'라는 일대일 관계의 중요성을 느끼기에 최적인 자전거.

그 자전거를 타라고 전하고 싶다.
나 또한 그 자전거를 타고 싶다.

그 자전거를 타고
하나님과 나만의 일대일 교제를 누리고 싶다.
오직 하나님만 의지하며 앞으로 나가는
그 기쁨을 느끼고 싶다.

자기 방법대로 고통을
이해하려는 사람들에게

태어나면서부터 주어진 환경이 있다.

어떤 이는 행복한 환경에서

편안한 혜택을 부여받은 채 태어나고

어떤 이는 불행한 환경에서

원치도 않은 고통을 부여받고 태어난다.

이렇게 저마다 다양한 행복과 고난을 마주하며 살아간다.

안타깝게도

눈앞에 놓인 고난을 받아들이기보다는

회피하기를 원한다.

눈앞의 행복을 누리기보다는

지금의 것을 놓치지 않기 위해 분주함에 사로잡혀 있다.

행복이 바로 앞에 있는데 다른 행복을 만들기 위해 고군분투한다.

어느덧 사람들은

자신의 판단과 기준에 맞추어 행복과 고난을 규정하기 시작한다.
행복과 고난의 원인을 자신의 틀 속에서 찾는 데 여념이 없다.

그러고는 그 생각이 진리인 줄 착각하기까지 한다.
남들에게 내 생각이 진리라고 주장하기를 서슴지 않는다.
이는 강포와 교만, 그 자체다.

이와 같이 자신의 틀에 갇혀 있으면
하나님의 틀을 받아들일 수 없다.

이는 예수님을 따른다고 하면서도
십자가 뒤로 자신을 숨긴 제자들의 모습과도 같다.
주님의 요구에 부담을 느낀 채 뒤돌아선
부자 바리새인 청년의 모습과도 같다.

시편 73편, 시편 기자의 탄식을 떠올려 본다.

"이는 내가 악인의 형통함을 보고 오만한 자를 질투하였음이로다
그들은 죽을 때에도 고통이 없고 그 힘이 강건하며
사람들이 당하는 고난이 그들에게는 없고
사람들이 당하는 재앙도 그들에게는 없나니

그러므로 교만이 그들의 목걸이요 강포가 그들의 옷이며

살찜으로 그들의 눈이 솟아나며

그들의 소득은 마음의 소원보다 많으며

그들은 능욕하며 악하게 말하며

높은 데서 거만하게 말하며

그들의 입은 하늘에 두고

그들의 혀는 땅에 두루 다니도다"(시 73:3-9)

행복과 고난의 기준을
인생의 외적인 모습에서 찾고 있었던 시편 기자의 탄식이다.
악인은 이 땅에서 호의호식하는데
왜 의인은 힘들고 고통당하느냐는 탄식이다.

그러다가 주님을 바라보자
탄식이 찬양과 기쁨으로 바뀌었다.

시편 기자는
자신에게 찾아온 고난이
자신에게서 나온 것이 아님을 깨달았다.
전적으로 주님께로부터 나온 것임을 알게 되었다.
그 순간 세상이 만들어 놓은 고난의 틀에서 벗어났다.

세상이 만든 고난의 틀에서 벗어나면
내가 만든 나만의 틀에서 벗어나면
이전에 매여 있던 죄의 속박에서 벗어난다.
하나님에 대한 오해로부터 벗어난다.

더 나아가
사람의 틀에서 벗어나
하나님이 만드신 틀 안에 들어오는 순간
죄를 죄로 인정하지 않으시는 하나님의 은혜가 밀려온다.
죄인을 의롭다 인정하시는 하나님의 사랑이 밀려온다.
곧 기쁨이 샘솟는다.
감사가 넘쳐난다.

고통의 문제를
내가 논하려 하지 말자.
내 기준에 맞추어 판단하려 하면
그 고통은 끝이 없다.
그 고통의 무게에 짓눌린다.

그 고통의 출처를 하나님께 아뢰자.
하나님의 기준에 맞추자.

그때부터

은혜가 고통을 덮는다.

사랑이 고통을 밀어낸다.

하나님의 응답을 간구하는
사람들에게

신앙생활의 기초를 어디에 두어야 하는가?
말씀에 두어야 하고
기도생활에 두어야 한다.

말씀과 기도생활에 기초를 둔다는 것은
말하기 전에 기도하라는 뜻이다.
행동하기 전에 기도하라는 것이다.

기도가 이렇게 중요하다.
하지만 기도에 있어 더 중요하게 생각할 부분이 있다.
기도의 행위나 기도의 자세보다 더 중요한 것이 있다.
바로 기도의 응답이다.

수십 일을 금식기도하는 사람이 있고
몇 달 동안 산 기도를 이어가는 사람이 있다.
끊임없이 작정기도로 부르짖는 사람이 있다.

그러나 응답 없는 기도로 끝나는 경우가 많다.

어떤 기도가 응답받는 기도인가?
어떻게 기도해야 하나님이 들으실까?

하나님의 말씀을 붙드는 기도가 응답받는 기도다.
기도는 많이 하는데 말씀과는 상관없이 기도하는 경우가 많다.
그냥 열심히 기도하기만 하면 되는 줄로 안다.
그런 기도는 자기중심적인 기도로 흐를 수 있다.

기도는 하나님께 드리는 것이다.
곧 하나님 중심의 기도, 말씀에 의거한 기도를 드려야 한다.
그런 기도를 하나님이 받으시고 들으시고 응답하신다.

회개의 자리에서 드리는 기도 또한 응답받는 기도다.
주어진 상황을 해결해 달라고 하기에 앞서
하나님의 약속대로 살지 못했음을 먼저 고백하는 기도다.
하나님 앞에 먼저 무릎 꿇는 기도다.
그런 기도 가운데 하나님은 역사하신다.
겸손한 마음으로 드리는 그 기도에 응답하신다.
진심을 담아 드리는 기도도 응답받는 기도다.

구세군의 창설자인 윌리엄 부스는

생사를 걸고 기도하라고 했다.

그만큼 기도는 진지해야 한다.

진정성을 갖춰야 한다.

구약시대에 금식하며 기도했던 것이 다 이런 이유에서였다.

금식을 통해 내 삶의 우선순위가 하나님께 있음을 고백했고

모든 시간의 중심이 하나님께 있음을 아뢰었다.

진실되고 진지한 그 기도는

하나님이 반드시 들으신다.

그리고 분명하게 응답하신다.

기도 응답은 오직 하나님께 달렸다.

하나님의 뜻에 합당하다고 판단되면

기도하는 그 순간부터 하나님의 역사가 시작된다.

기도하는 그때부터 이미 응답이 이루어지고

능력 있는 삶이 펼쳐지기 시작한다.

주님의 인도하심으로
양산에 내려오다

신학교를 막 졸업할 때만 해도 경남 양산에는 내가 소속된 대한
예수교장로회 합동 교단의 교회가 하나도 없었다. 그 시기 서울에
서 양산으로 내려간 성도 한 분이 내게 이런 편지를 보내왔다.

"전도사님, 경상도 사투리를 통 못 알아듣겠어요. 이곳은 환경
이 너무 열악하고 각박하네요. 전도사님 같은 분이 내려와 주시
면 좋겠습니다."

편지에는 그 지역의 열악한 현실이 세세히 기록되어 있었다.
그날부터 골방에 들어가 기도했다. 수도권에서 사역을 시작할 꿈
에 부풀어 있었던 나였지만 하나님의 뜻을 구해야 했다. 몇 날 며
칠 기도하는데 신기하게도 경남 양산 땅에 대한 기대와 소망이
커져 갔다.

"예수님은 진정한 목자라면 잃어버린 한 마리 양을 찾기 위해

온 힘을 기울인다고 말씀하지 않으셨는가? 단 한 분의 성도라도 제 설교를 듣고 싶은 분이 있다면 그곳이 어디든 달려가겠다."

그렇게 생면부지의 양산으로 내려왔다. 막막했지만 하나님이 인도하신다는 계획을 분명히 느낄 수 있었다. 열악한 환경이었지만 하나님의 사랑을 느끼는 데는 어려움이 없었다. 그리고 첫 예배를 드렸다. 전셋집 안방에서 시작된 첫 예배. 그것이 양산 삼양교회의 시작이었다.

4장

십자가 은혜가 필요한 사람들에게

_ 진정한 행복을 갈망하는 사람들에게

_ 근본적인 문제 해결을 바라는 사람들에게

_ 삶의 노선을 바로잡아야 할 사람들에게

_ 선한 목자를 기다리는 사람들에게

_ 인생의 신호등이 필요한 사람들에게

_ 십자가 능력을 잠시 멀리했던 사람들에게

진정한 행복을 갈망하는
사람들에게

행복은 언제 우리에게 다가올까?
행복이란 전적인 방향의 전환에 달렸다.

나로부터 예수님에게로 방향을 바꾸는 것,
그것이 행복으로 가는 유일한 방향이다.

행복이 나타났다는 말은
예수님이 나타나셨다는 말과 동일한 의미다.

우리가 고난받고 죽는다고 해서 행복이 찾아오는 것이 아니라,
예수님의 죽음에 동참할 때
행복이 바로 우리 앞에 전개된다.

예수님의 죽음 자체가 곧 행복이다.
십자가와 부활 외에
다른 곳에서 행복을 구할 필요가 없다.

근본적인 문제 해결을 바라는
사람들에게

___

우리 인생 가운데 숱한 문제들이 발생한다.

성경은 문제에 대한 해답을 아주 명백하게 제시해 준다.

바로 십자가다.

십자가에서 모든 해결책이 나온다.

예수님의 십자가 죽음은

하나님을 믿고 경외한다는 이스라엘 민족이

자신들이 신앙했던 그 하나님을

자신들의 눈앞에서 매달았던 사건이다.

이처럼 세상은 철저하게 죄에 속해 있다.

그 누구도 십자가 앞에서 자신의 의로움을 내세울 수 없다.

놀랍게도

십자가에는 죄인만을 허용하는 신앙의 신비가 있다.

죄를 알게 하는 것으로 신앙이 되게 하는 능력이 있다.

세상 어떠한 종교에서도 찾을 수 없는 구별됨이다.

십자가는

행위적 죄만을 죄로 여기던 우리가

본성적으로 죄의 지배로부터 벗어날 수 없음을 알게 한다.

신앙과 선과 의를 말하는 것이 얼마나 어리석은 모습인지

십자가는 분명하게 드러낸다.

이와 같이 십자가 앞에서 죄인임을 인정하는 것이

문제 해결의 출발점이다.

죄인을 의롭다 칭하시고 존귀하게 여기시는

놀라운 은혜는

죄인임을 고백할 때에야 가능한 것이다.

이 출발점이 바로잡히면

그다음부터는 해결이 쉽다.

죄인임을 인정하면

더 이상 자신의 뜻에 귀 기울이지 않는다.

자신을 더 이상 믿지 않기에

전적으로 하나님의 뜻만 의지할 수 있다.

온전히 예수님만 믿고 따를 수 있다.

오직 말씀을 중심으로 움직일 수 있다.

이처럼 십자가상의 예수 그리스도를 만나
죄인임을 고백할 때
인간의 방법으로는 이룰 수 없었던 회복의 역사가 일어난다.

십자가 앞에서의 철저한 자기파산.
이것은 실패가 아니라
영적 성공을 향한 첫걸음이다.

삶의 노선을 바로잡아야 할
사람들에게

율법의 노선은
실패와 정죄와 좌절의 노선이고
십자가의 사랑과 부활의 영광을 향한 노선은
좌절로부터 우리를 구원할
회복의 노선이자 자비와 긍휼의 노선이다.

우리는 노선이 이탈되는 경험을 할 때가 많다.
어느 순간 율법의 노선을 타고 있다.
하나님의 은혜에 따라 살아가지 않고
나만의 법칙에 따라 움직인다.
심지어 노선이 이탈된 줄도 모르고 살아가기도 한다.

이탈된 노선을 바로잡는 방법은 하나다.
믿음이다.
오직 믿음이다.

그 믿음을 바로 갖게 하는 것은
죄에 대한 바른 인식이다.

이스라엘에게 가장 필요한 것은
하나님의 자손이라는 자부심이 아니라
하나님 앞에서 한낱 미물에 불과하다는
죄에 대한 바른 인식이었다.

우리 또한 마찬가지다.
우리 자신을 바로 보고
우리의 죄를 바로 인식할 때
온전한 믿음을 갖게 된다.
이탈된 노선이 제 노선을 찾아가게 된다.
죽음이 생명으로 뒤바뀐다.
어그러졌던 우리의 삶이 바로잡히기 시작한다.
죄에 대한 인식이 믿음을 갖게 하고
그 믿음에서 회복을 불러온다.

선한 목자를 기다리는
사람들에게

선한 목자와 삯꾼은 어떻게 구별할 수 있을까?
착한 목자가 선한 목자인가?

일반적으로 생각하는 윤리적, 성품적인 차원으로
선한 목자를 판별할 수는 없다.

구분하는 방법은 하나다.
양들을 위해 목숨을 버릴 수 있는가 하는 것이다.
선한 목자는 양들을 위하여 목숨을 버리지만
삯꾼은 제 양이 아니기 때문에
이리가 오는 것을 보면 양을 버리고 달아난다.

결국 선한 목자는 한 분뿐이다.
양을 위해서 목숨을 버리시는 분,
예수님만이 선한 목자다.

그렇다면 나는 어떤 존재인가?
예수님이 선한 목자라면
나는 선한 목자의 양이라고 할 수 있는가?

아마 대부분의 성도들은 자신할 것이다.
나는 누가 뭐래도
선한 목자의 양이라고
예수님의 양이라고
단언할 것이다.

그러나 우리의 삶을 보면
선한 목자이신 예수님의 양이라고 함부로 자신하기 어렵다.

선한 목자의 양은
자신을 위해 목숨을 버린 목자를 알고
그분을 따른다.
곧 선한 목자의 참된 양이라 일컬어진다.

더불어 선한 목자와 양의 관계는
어느 한쪽만 일방적으로 알고 있는 관계가 아니다.
서로가 서로를 아는 관계다.

정말로 선한 목자의 양이라면
세상이 줄 수 없는 생명을 주신 예수님의 은혜를 알아야 한다.
우리를 위해 자기 목숨을 버리신 예수님의 사랑을 느껴야 한다.
그것이 세상 그 어떤 것과도 바꿀 수 없음을 알아야 한다.

그리고 이 사실을 아는 사람은
세상이 주는 유익 앞에서 흔들리지 않는다.
선한 목자이신 예수님께 받은 사랑이 너무 커서
세상의 이익을 선택하지 않는다.
세상에서의 이익을 앞세우는 말에 귀 기울이지 않는다.

우리는 과연 어떠한가?
세상의 어떤 유익 앞에서도 요동함이 없다고 자신할 수 있는가?
예수님을 따름으로써 얻는 유익에 더 기뻐하고 있는가?

우리가 선한 목자 예수님의 양이라면
예수님이 우리를 위해 허락하신 생명이
그 어떤 것과도 바꿀 수 없음을 알아야 한다.

선한 목자 되신 예수님을 따르는 길이
세상에서 손해가 되고 불리해 보이는 일일지라도

선한 목자의 양은 그 길을 따를 수밖에 없고
그 길을 가기 위해 자신의 목자만을 좇을 수밖에 없다.

다시 물어보자.
지금 우리는 어떠한가?

어떤 손해 앞에서도 예수님을 선택할 수 있는가?
예수님을 위해 세상의 유익을 과감히 포기할 수 있는가?

인생의 신호등이 필요한
사람들에게

성탄 시즌,
거리마다 캐럴이 흘러나오고
트리 위를 장식한 큰 별이 반짝거린다.

공교롭게도 쿵소리와 함께 화물차가 하늘을 보고 눕는다.
실려 있던 컨테이너가 나뒹굴면서
신호등마저 애처롭게 대롱대며 불빛을 껌뻑거린다.

이윽고 사이렌 소리가 주위에 울려 퍼지며,
교묘하게 신호등과 트리 위의 별빛이 겹쳐 보인다.
부조화 속의 조화다.

순간 두 별빛이 연상된다.
부조화 속에서 교차되는 두 별빛.

하나는

동쪽에서 서쪽으로 동방박사들의 발걸음을 이끌고 있는

하늘 위의 작은 별빛이고

다른 하나는

오랫동안 이스라엘이 소망해 왔지만

그 색이 퇴색되어져 버린 다윗의 별빛이다.

동방박사들은 그 작은 별빛에 이끌려

아기 예수의 동네로 왔다.

작은 별 하나를 노선 삼아 동에서 서로 이동했다.

그 노선의 종착점이

그들의 입장에서는 생소할 수밖에 없다.

학문적 연결고리가 전무하다 보니

여간 고민이 되지 않을 수 없었을 것이다.

무엇보다 종착점이

유대의 한 갓난아이라는 사실에 적지 않게 당황했을 것이다.

별과 갓난아이가 가지는 연관성 때문에

정치적 오해와 문제가 발생할 수도 있기에

두려움도 무시할 수 없었을 것이다.

이처럼 작은 별은 혼란을 일으키기 충분했다.

아마 동방박사는 한참을 고민했을지 모른다.
'작은 별이 이끌고 있는 베들레헴의 구유에 누워 있는 갓난아이는
과연 이스라엘에게 소망의 별빛인가?'
'아니면 잠결에 노선을 이탈해
대형 사고에 이르게 한 절망의 불빛인가?'

그러나 동방박사들은
작은 별이 이끄는 실체를 명확히 밝힌다.
"유대인의 왕으로 나신 이"임을 고백한다.

혼란을 접고 그들은 갓난아이에게 엎드린다.
왕에게 갖출 예의를 다한 채
황금과 유향과 몰약을 예물로 드림으로 경배를 올린다.
작은 별이 의미하는 바를 분명하게 확신한다.

그렇게 작은 별은
동방박사들에게 신호등이 되어 주었다.

그렇다면 이스라엘 백성에게는 어떠했을까?
그 작은 별이 신호등 역할을 했을까?
그 땅의 백성에게도 갓난아이가

신호등으로 다가올 수 있었을까?
이방인에 의해 전해지는 유대인의 왕을
과연 이들이 인정할 수 있었을까?
왕의 백성으로 그 노선을 갈아탈 수 있었을까?

작은 별의 불빛이 신호등으로 다가왔다면
자신의 죄인 됨을 보게 되었을 것이다.
육신으로 오신 참 하나님을 향하여
경배와 찬양을 드리기에 부족함이 없었을 것이다.

그러나 이스라엘 백성은 그 기회를 놓쳤다.
이스라엘은 이미 이탈된 자신의 모습을
바로 볼 수 있는 눈을 가지지 못했다.
그들에게는 그 작은 별이 방향을 바꿀 신호등이 되지 못했다.

우리에게 지금 그 작은 별은
어떤 존재로 다가오고 있는가?
희망을 가져다주는 신호등인가?
절망을 안겨다주는 불빛인가?

그 빛이 나에게 신호등이 된다면

실패가 있는 곳에 격려와 위안이,

상처가 있는 곳에 치유가

미움이 있는 곳에 용서가 시작된다.

그렇게 노선이 바뀐다.

무엇보다

죽음이 있는 곳에서

생명으로 향하게 하는 소망을 갖게 된다.

우리가 여전히 누군가를 용서치 못하고,

풀리지 않는 세상의 문제에 정체되어 있다면

그것은 아직 작은 별의 인도함을 인식하지 못하기 때문이다.

유대인의 왕으로 나신 이를 부인하는

어리석음에 사로잡혀 있기 때문이다.

스스로를 의롭다 여긴 채

아기예수께 엎드리기를 거부하는 오만에 빠져 있기 때문이다.

그 빛을 바로 보자.

우리를 생명의 길로 이끄시는 예수 그리스도.

율법의 노선에서

긍휼과 자비의 노선으로 갈아타게 하시는 예수 그리스도.

그 예수 그리스도께로 향하게 하는 그 빛을 온전히 좇아가자.

그 빛이 나에게 신호등이 될 때
내 인생에 희망이 깃들기 시작한다.
내 인생에 용서와 사랑이 채워지기 시작한다.

십자가 능력을 잠시 멀리했던
사람들에게

원인도, 발생 장소도 모호한 염병이
오늘 우리 안으로 침투해 들어오고 있다.

이 염병은
전쟁처럼 긴급을 알리는 사인도 없다.
곧 종식되리라던 기대와는 달리
기하급수적으로 번져가기만 한다.

하나님은 이스라엘의 불신앙을 질책하시는 방편으로
지진과 염병과 불을 사용하셨다.
말씀에 순종하지 않는 이스라엘 백성으로 하여금
죽음의 염병을 통해 심판을 내리셨다.

그 심판을 통해
죄의 원인으로부터 단절하게 하셨고 염병을 그치게 하셨다.
그 과정을 통해

다시금 이스라엘을 세우시고 돌이키게 하셨다.
죽음에서 생명으로 이끄셨다.

우리는 지금 이 혼란스런 상황 앞에서
무엇에 주목하고 있는가?
이 염병의 원인을 어디에서 찾고 있는가?

모든 일을 주관하시는 분은 하나님이시다.
코로나19라는 염병조차도 하나님의 방법이다.
하나님과 아무런 상관없는 세상에서의 한 사건이 아니다.

우리는 이 기회를 통해
우리를 돌아보아야 하며
가던 길을 멈춰서야 하며
우리의 잘못을 돌이켜야 한다.
궁극적으로 하나님을 향해 방향을 틀어야 한다.
그것이 다가온 염병 앞에서
우리가 가져야 할 태도이자 신앙이다.

그렇다면 회복을 위해 우리가 할 것은 무엇일까?
이 상황이 하나님의 뜻이라면

하나님의 방법대로 해야 한다.
죄의 문제 앞에서 하나님이 정해 놓으신 방법은 동일하다.
어린 양의 희생이다.
제사라는 인간의 행위로 해결할 수 없다.
우리의 고백이나 감정의 변화로도 해결되지 않는다.

반드시 어린 양 예수님의 희생이 전제되어야 한다.
이것이 만세전에 약정하신 하나님의 구원방법이자
세상을 다스리시는 방식이다.
하나님은 어린 양의 희생 안에서만 하나님의 의가 발생되게 하셨고
그 의로움을 통해서만 용서를 가능하게 하셨다.

어린 양의 희생이 이루어지는 자리가 바로 십자가다.
죄인 된 자로 하여금
죄를 알게 하는 장소로서
십자가를 허락하셨다.

십자가 앞에 나아와 죄를 인정할 때
하나님은 그 죄를 죄로 간주하지 않으신다.
죄를 인정하기 위해 십자가에 나온 것 자체가
믿음이기 때문이다.

지금 이 염병의 위기 앞에서도
우리는 십자가 앞에 나아와야 한다.
앞으로 어떻게 문제가 해결될지
언제 위기가 끝날지
아무도 알지 못한다.

하지만 그리스도인이라면
십자가로 나아와야 한다.
지금 이 순간 우리가 할 일은
십자가를 통해 해결을 제시하는 것이다.
의인 되신 예수님을 통해서만
문제가 해결됨을 믿는 것이다.

한동안 바쁘게 사느라
십자가를 멀리했다면
다시 십자가 앞으로 나오자.
코로나19가 가져온 정체가
우리를 십자가 앞으로 더 가까이 나오게 만들고 있다.

섬기는 교회가
되기를 소원하다

개척 후, 부산 등지의 큰 교회에서 지원을 받아 살림을 꾸려갔
다. 한번은 한 교회에서 지원금을 보내지 않아, 그 지원금을 받
기 위해 부산으로 갔다. 지원금을 담당하시는 여전도회 집사님을
만나기 위해 8시간이나 기다렸고 기다림 끝에 3만 5천 원을 받았
다. 그 돈을 받아든 순간 무언가 가슴속에서 솟구쳐 올라왔다.

"이 시간 동안 내가 온전히 기도를 했다면 하나님께서 훨씬 좋
은 것을 우리 교회에 주셨을 텐데! 내가 믿음이 없어서 이렇게 사
람에게 매달리고 있었구나."

그 교회 마당에서 무릎을 꿇었다. 누가 보든 말든 신경 쓰지 않
았다. 이제껏 하나님이 아닌 사람의 시선을 의식했던 것을 철저
히 회개하면서 눈물의 기도를 드렸다. 그리고 고백했다.
"이제는 전적으로 하나님이 원하시는 목회, 하나님이 흠향하시

는 예배를 드리겠습니다. 후원을 받는 교회가 아닌 후원을 하는 교회가 되겠습니다."

　그날부터 목회자로서 삶과 시간 전부를 철저히 하나님께 드렸고 무엇이든 하나님의 인도하심에 맞추어 움직였다. 대구의 큰 교회를 비롯하여 4개의 교회에서 담임목사직 제안이 왔지만 하나님이 허락하지 않으셔서 거절했다. 그렇게 수십 년간 온전히 하나님의 뜻을 구하며 사역에 매진하다보니 어느새 삼양교회는 양산에서 제일 큰 교회로 성장해 있었다.

하나님의
호의를 입은
그대에게

5장

사랑의 나눔이 필요한
사람들에게

_ 한 알의 밀알을 꿈꾸는 사람들에게

_ 타인을 위해 희생을 각오한 사람들에게

_ 세상 가운데 빛이 되길 소망하는 사람들에게

_ 사람을 사랑으로 품어야 할 사람들에게

_ 한 사람의 소중함을 아는 사람들에게

한 알의 밀알을 꿈꾸는
사람들에게

"내가 진실로 진실로 너희에게 이르노니
한 알의 밀이 땅에 떨어져 죽지 아니하면 한 알 그대로 있고
죽으면 많은 열매를 맺느니라"(요 12:24)

예수님께서 예루살렘으로 입성하시면서 전하신 말씀이다.

예수님의 예루살렘 입성…
그 이유는 다소 극단적이다.
'죽기 위해서'다.

그러나 그 죽음은 무모한 죽음이 아니라
목적이 있는 죽음이다.
모든 인류를 위한 죽음이다.
정확한 목적이 있는 죽음이다.

이 죽음을 한 알의 밀이 죽는 원리로 표현하셨다.

한 알의 밀이 죽는다는 것,
그것은 곧 희생이다.

희생이란 대신하여 죽는 것이다.
누군가 죽어야 할 것을 대신하여 죽는 것이다.

이런 희생은 결코 가벼운 것이 아니다.
누군가 죽어야 할 것을 대신하여 죽는 것이
결코 가벼울 수 없다.
대신 한다는 것은 그 의미에 따라서
엄청난 고통일 수 있다.

손 씨 문중들만 살던 마을,
우상이 가득한 그곳에서
전도사 사역을 한 적이 있다.
아무도 복음을 받아들이지 않는 척박한 곳이었다.

손 씨 문중에서 영향력 있는 한 사람만이 복음을 받아들이면
다른 문중들도 복음을 받아들일 수 있을 것이라 생각했다.

손 씨 문중의 어른인 할머니 한 분이

말기 암으로 누워 있다는 소식을 들었다.
병원에서도 포기한 상황이라 했다.
대농가로 부유한 집안이었지만
그것이 말기 암을 해결해 줄 수는 없었다.

누군가의 기도가 필요했다.
할머니를 위해 희생하며 기도해 줄 누군가가 필요했다.
그러나 손 씨 문중에서는
할머니를 대신하여 희생하며
한 알의 밀이 되어 기도할 사람이 없었다.

그러한 중에 하나님께서는 누군가를 부르셨다.
나였다.
하나님은 내가 한 알의 밀이 되길 원하셨다.

할머니를 찾아갔고
할머니를 대신하여 하나님께 기도를 드렸다.
이미 할머니 방은 살이 썩는 냄새가 진동했다.
죽은 시체나 다름없는 모습이었다.

이런 상황 속에서 간절히 기도했다.

"하나님, 이 할머니를 살려 주실 수 있습니까?
주님, 도와주십시오.
할머니를 살려 주셔야
이곳에서 하나님의 영광이 드러납니다."

실의에 빠진 손 씨 문중 가족들에게 이야기했다.

"여러분이 아침과 저녁에 하나님 앞에 예배를 드린다면,
듣기 싫어도 제 설교를 열흘만 들어주신다면,
그다음에 할머니는 틀림없이 살아날 겁니다."

그때부터 할머니 대신 하나님께 간절히 매달렸고
할머니 대신 금식하며 하나님께 나아갔다.

9일째 되는 날까지
할머니에게는 아무런 변화가 없었다.
두려움이 밀려왔다.
도망칠 생각까지 했다.
그러나 끝까지 희생하기로 했다.
썩어가는 한 알의 밀이 되기로 결단했다.

그 할머니를 마지막으로 부둥켜안고 눈물을 흘렸다.
"하나님, 할머니를 살리시고 제 생명을 거두어 가주십시오."
간절히 눈물로 기도했다.

순간 한 알의 밀이 땅에 떨어지듯
한 방울의 눈물이 할머니의 척박한 마음 밭에 떨어졌다.

그날 이후 모든 마음을 내려놓았다.
열흘째, 마지막 날을 맞았다.
그날은 주일이었다.

바로 그날,
주일예배 때 기적이 일어났다.
죽음을 앞에 둔 할머니가 며느리의 부축을 받고
환한 얼굴로 예배를 드리러 오신 것이다.

할머니는 고백했다.
"전도사님이 안고 기도하는데
눈물이 이마에서 가슴으로 떨어졌고,
전도사님이 나간 후 십자가가 나타나더니
그 빛이 내게로 비추어 왔습니다.

그때 병이 나은 것을 알았습니다."

하나님이 이루신 기적이었다.
한 알의 밀이 땅에 떨어져 죽을 때
많은 열매를 맺을 수 있다는 예수님의 말씀을
그날 목회 현장에서 직접 체험했다.

인생을 사는 동안 생기는 문제는
사람의 지혜나 노력으로 해결되지 않는다.
역설적으로 아무것도 하지 않을 때 해결된다.
곧 내가 죽을 때 해결된다.

내가 한 알의 밀처럼 땅에 떨어질 때
그때는 내가 손해 보는 것 같고
아무런 변화가 없는 것 같지만
훗날에는 많은 열매를 맺는 기적을 보게 된다.

타인을 위한 희생을 각오한
사람들에게

영혼에 대한 애정은
불가능한 일을 가능하게 만든다.
나 혼자만 누릴 생명을
많은 사람이 누릴 수 있는 풍성한 생명으로 변화시킨다.

처음 부임했던 교회가 너무 작았다.
그때 영혼에 대한 애정이 없었다면
교회 안에서 나 혼자만 생명을 누렸을지 모른다.

영혼을 향한 애정을 갖고
한 알의 밀이 되려고 하자
많은 사람들이 생명을 얻는 공동체로 변화되기 시작했다.

단, 이때 누군가는 대표가 되어야 했다.
한 알의 밀이 되어 희생해야 했다.
누군가는 썩어져야 한다.

그게 바로 내가 되어야 했다.

아합과 이세벨의 통치 아래 고통받던 이스라엘 민족⋯
그 가운데 있던 엘리야는
대표가 되어 하나님께 자신을 드렸다.
남들이 희생하지 않으려 할 때
그 자신이 희생하고자 했다.

그 한 사람의 희생으로
극심한 가뭄 가운데 죽어가던 사람들이 살아났다.
엘리야의 기도로 생명을 공급받게 되었다.

지금 이 시대는
열매를 받기만을 바라고 희생은 거부한다.

한 알의 밀이 될 수 있는 사람이 누구인가?
이 시대의 엘리야는 누구인가?

다른 곳에서 찾지 말자.
내가 그 사람이 되어야 한다.

한 알의 밀,

너무 작아 보일 수 있다.

그러나 반드시 기억하자.

그 밀이 죽을 때 많은 열매를 맺을 수 있음을…

한 알의 밀로 오신 예수님도

그 고귀한 희생을 통해 구원의 길을 여셨고

우리 가운데 생명의 열매가 맺히게 하셨다.

세상 가운데 빛이 되길
소망하는 사람들에게

사회복지가 사회적으로 전폭적인 관심을 끈 것은
그리 오래된 일이 아니다.

세월이 지나면서
가난한 자를 돌보는 구제가
개개인의 관심을 넘어
사회 전체의 고민이 되기 시작했다.

하지만 예수님은
처음부터 이 사회의 가난한 자에게 주목하셨다.
그들을 위해 이 땅에 오셨다.

"우리 주 예수 그리스도의 은혜를 너희가 알거니와
부요하신 이로서 너희를 위하여 가난하게 되심은
그의 가난함으로 말미암아 너희를 부요하게 하려 하심이라"
(고후 8:9)

실제로 예수님의 메시지는
인간의 영혼구원에 대한 구속의 은총을 담고 있지만,
예수님의 하나님 나라 선포는
개인의 영혼구원만이 아닌 통전적(統全的) 구원을 담고 있다.

곧 예수님은 공생애 기간
병자들을 치유하시고
사회적 약자들을 위로하시며
그들과 함께하셨다.

복음이 다른 게 아니었다.
이것이 바로 살아 있는 복음이었다.

요즘의 교회는 어떠한가?
과연 이런 복음의 메시지를
오늘날의 교회가 제대로 전하고 있는가?
몸소 실천하고 있는가?

예수님께서는 교회가 세상 가운데서
어떤 정체성을 가져야 할지에 대해 말씀하셨다.

"너희는 세상의 빛이라

산 위에 있는 동네가 숨겨지지 못할 것이요"

(마 5:14)

교회가 산 위에 자리잡아야 할 이유가 무엇일까.

우리의 착한 행실을 보고

하늘에 계신 하나님 아버지께 영광을 돌리게 하려 함(마 5:16)이다.

이것이 교회의 존재이유다.

또한 이것은 세상 안에서 교회가

빛의 역할을 감당할 때 가능하다.

빛을 비추는 방법은 두 가지다.

하나는

복음전파를 통해 어두움을 밝히는 것이다.

곧 진리이신 예수님을 보게 하는 것이다.

다른 하나는

사람들의 상처를 치유하고 허기진 배를 채워 주는 것이다.

긍휼을 베풂으로 빛을 비추는 것이다.

더 이상 교회가 예배당 안에서만 머물러서는 안 된다.
예수님의 가르치는 사역이
이제는 교회 담을 넘어 세상으로 뻗어가야 한다.

어떻게 그들에게 복음을 가르칠지
어떻게 그들의 상처를 치유하며, 허기진 배를 채울 것인지
교회는 더 고민하고 기도해야 한다.
그것이 교회의 정체성을 회복하는 길이다.

사람을 사랑으로 품어야 할 사람들에게

제자훈련 1기생 중 특별한 기억으로 다가오는 분들이 있다.

목회가 힘들고 어려울 때마다

충성된 종으로 섬겨 주신 권사님이다.

췌장암으로 투병하셨던 권사님은

임종을 앞두고 급하게 나를 찾았다.

생을 마감하시기 전 유언을 하는 자리에 나를 부른 것이다.

자리에는 남편과 두 아들,

자부와 손녀 둘 그리고 가까운 권사님이 함께했다.

권사님은 먼저 남편에게 유언했다.

"여보, 당신을 만난 지도 벌써 35년이나 됐어요.

제가 당신과 결혼할 때

친정아버지 같은 훌륭한 장로님으로 세우는 것이 저의 꿈이었어요.

그래서 무엇보다도 당신에게 다른 어떤 것보다

신앙생활 하나만은 잘해 주기를 기대하고 기도해 왔어요.

하지만 당신은 제 부탁을 들어주지 않았고,

어느덧 35년이라는 세월이 흘렀네요.

이제 저는 당신 곁을 떠나 천국으로 갑니다.

세상에 있는 그 무엇보다도 바라고 바라던 소망이었습니다.

저는 당신이 죽음도 이기지 못하는 천국이 있다는 것을

알지 못한다는 것이 슬프고, 힘이 들었답니다.

그렇지만 마지막까지 기다려 주시는

예수님이 당신과 함께하신다면

세상에서보다 더 기쁘고 행복한 천국에서

다시 만났으면 좋겠어요."

이윽고 큰아들을 향해 두 번째 유언을 했다.

"아들아, 이제 엄마가 떠나면 너희 아버지가 혼자 남으니,

아버지의 친구가 돼 드리렴, 그리고 예수님 잘 믿어야 돼."

그리고 이어 며느리에게 유언을 했다.

"아가야! 이 시어미가 네게

너무 많은 짐을 지우고 가는 것 같구나.

너희 시아버지 잘 모시고 남편 잘 섬기고,

두 딸 신앙으로 잘 키워 주길 바란다."

막내아들을 향해서는 이렇게 전했다.
"아들! 엄마가 너를 결혼시키지도 못하고
먼저 가서 미안해.
신앙이 좋은 여자 만나 믿음의 가정을 이루었으면 좋겠구나.
너 엄마랑 약속할 수 있지?"

옆에 있던 권사님에게도 마지막 당부를 잊지 않았다.
"친구야! 그동안 참 고마웠어.
지금까지 신앙 안에서 서로 도와주며
함께 교회를 섬길 수 있어서 너무 행복했어."

그리고 내게 마지막으로 유언을 남겼다.
"목사님, 제게 손 좀 주세요.
목사님! 남편을 만난 지는 35년이 됐는데
목사님을 알게 된 지도 어언 34년이란 세월이 지났네요.
수없는 고비와 어려움 가운데서도
목사님과 함께하시는 예수님이 계셨기에 잘 이겨 낼 수 있었고,
그래서 너무 행복했습니다.
목사님이 은퇴하실 때가 몇 해 남지 않았는데
은퇴하실 때까지 옆에서 섬기지 못하고
천국에 먼저 가서 죄송합니다.

그동안 너무나 고마웠고 감사했습니다.
목사님! 꼭 천국에서 봬요."

이때 내 머릿속에는
지옥에 간 부자 바리새인의 하소연에 대한
주님의 말씀이 스쳐 지나갔다.
"부모와 친척에게 가서
절대 이 지옥에 오지 않도록 전해 달라!"

나도 모르게 눈물이 왈칵 쏟아졌다.
예수님이 얼마나 귀하고 크시기에…
세상에 남길 것이 오직 예수님 한 분뿐이라고 고백하는지.
나는 그 자리에서 권사님의 큰 믿음을 보았다.

주님의 사랑을 품고
하나 된 교회 공동체를 이루기 위해
사랑과 봉사로 인생을 채웠던 권사님.
권사님의 삶이 곧 목회가 아니었을까.

그날의 권사님 유언은
내게 하나님의 음성으로 아직 남아 있다.

한 사람의 소중함을 아는
사람들에게

대부분의 목회자들처럼
나 또한 한 가정을 데리고 목회를 시작했다.

그때 하나님은
한 영혼을 위해 눈물을 흘릴 수 있는 특별한 은혜를 주셨다.

그 특별한 은혜는 바로 사람만 쳐다보는 것이 아니라,
그 사람을 통해 일하시는 하나님을 보는 것이다.

교회에 천 명이 넘는 성도가 있다 하더라도
나는 변함없이 '한 사람 한 사람'을 쳐다볼 뿐이다.

그리고 그 '한 사람'이 장차 만들어 낼
위대한 미래를 꿈꾼다.
그 한 사람을 통해 하나님 나라를 확장을 이루실
하나님의 원대한 계획을 바라본다.

지역 어르신들을 섬기는 교회가 되다
- 장수대학

청년 시절부터 부모님을 떠나 타지에서 생활하면서 교회를 개척한 이후까지도 부모님을 잘 섬기지 못했다. 그런 이유에서인지, 어르신들을 보면 부모님 생각이 나서 더 잘 섬겨 드리고 싶은 소원이 늘 있었다.

당시만 해도 양산 지역에 어르신들을 섬기는 기관이나 사회단체가 전무했다. 이에 장수대학을 열어 어르신들을 섬겼다.

장수대학은 평생 불교에 인박혀 있던 어르신들에게도 교회에 대한 좋은 인상을 심어주는 효과가 있었다. 실제로 양산 지역은 통도사와 내원사라는 전국적인 사찰이 있어 기독교의 힘이 약한 지역이다. 따라서 평생 이 지역에서 살아온 어르신이 자발적으로 교회에 찾아오는 것은 기적적인 일인데 장수대학이라는 프로그램을 통해 이런 어르신들의 마음 문을 열 수 있었다.

심지어 어떤 분은 아직 신앙이 없으면서도 라디오 생방송에 전화를 걸어 장수대학을 소개하면서 삼양교회가 좋은 교회라고 홍보하기까지 한다. 지역의 어르신들을 섬기고 싶은 마음으로 시작한 장수대학은 이렇게 전도의 문을 여는 귀한 열매를 안겨 주었다.

하나님의
호의를 입은
그대에게

6장

한국 교회의 회복을
바라는 사람들에게

_ 회복에 대해 회의를 느끼는 사람들에게
_ 연약함만을 바라보며 희망을 포기하는 사람들에게
_ 변치 않는 것을 바라보아야 할 사람들에게
_ 흔들림 속에서 갈피를 못 잡는 사람들에게
_ 하늘을 향해 고개를 들어야 할 사람들에게
_ 신앙의 대상을 바로잡아야 할 사람들에게

회복에 대해 회의를 느끼는 사람들에게

한국 교회가 많이 아프다.

이곳저곳에서 근육통을 앓는 소리가 들린다.

단단히 몸살이 난 것만 같다.

지금까지 한국 교회는 많은 일을 해왔다.

새벽종을 만든 곳도 교회다.

그 새벽종으로 어둠을 깨운 곳도 교회다.

새로운 마을을 만들고자 앞장서서 깃발을 흔든 곳도 교회다.

교회가 세워지자

젊은이들을 일어나는 역사가 일어났고

다음 세대들을 위한 교육이 세워졌다.

선교대상국가가 선교파송국가로 탈바꿈했다.

120여 년이라는 짧은 세월을 지내오면서

세계에서 유래를 찾기 힘들 정도로 놀라운 부흥을 이룬 곳이

바로 한국 교회다.

그런 교회가 지금 몸져누워 있는 것이다.

말씀은 있는 것 같은데 삶의 적용으로 이어지지 않는다.

기도소리는 나오는데 내면의 진정한 눈물은 나오지 않는다.

개인의 부흥은 부르짖는데 사회정화운동으로는 이어지지 않는다.

겉은 화려해 보이는데 실상은 비어 있고

덩치는 비대한데 근력은 대단히 약해져 있다.

이런 교회를 향해

어느 순간부터 많은 사람들이 진단을 내리기 시작했다.

아파하고 있는 한국 교회에 청진기를 대고는

갖가지 진단을 내놓았다.

"스스로 정화시키는 능력을 잃었다."

"겉치장만 해대는 메이크업 기술로 아픈 데를 감추고 있다."

"이단이나 탈기독교 등의 외부적인 바이러스에 감염되었다."

"성도들의 세포가 영적으로 깨어 있지 않다.

다 맞는 말이다.

하지만 그 말들이 한국 교회를 일으켜 세울 수 있을까?

한 서구 신학자가 세속화되어 가는 기독교의 모습을

가마솥에 넣어 놓은 개구리에 비유한 적이 있다.

서서히 온도가 높아지는 것도 모른 채 죽어가는 모습이

마치 교회와 흡사하다고 설명했다.

문제는 지금 그 개구리에게 가장 필요한 것이 무엇이냐는 것이다.

개구리의 어리석음을 평가하는 것일까?

아니면, 뛰쳐나올 수 있도록 도움을 주는 것일까?

한국 교회에 대한 진단, 반드시 필요하다.

하지만 더 중요한 것은 다시 일으킬 수 있는 힘이다.

벌떡 일어나게 하는 힘,

자존심을 살려주는 힘,

비틀거릴 때마다 붙들어 주는 강한 힘,

그런 힘이 필요하다.

세상을 변화시키는 힘뿐만이 아니라

세상으로부터 교회를 보호할 힘이 필요하다.

놀랍게도 그 힘은 교회 내부에 있다.

심장이 심각하게 훼손된 사람은 심장을 이식받는다.

생명을 다시 얻는 것은 이식된 심장의 기능에 달려 있다.

교회는 영적인 심장이식을 받은 사람들의 모임이다.

세상의 심장으로 살던 사람들이 예수의 심장으로 바뀌었다.

그 심장이 제대로 힘을 내지 않는다면

재빨리 연결부위를 점검하면 된다.

이식된 심장이 살아 있는 혈액을 제대로 공급받게 하면 된다.

예수님 앞에 다시 무릎 꿇는 순간,

십자가 앞에 다시 서는 순간

놀랍게도 불가능할 것만 같았던 회복이 나타나기 시작한다.

혈액의 공급으로 다시 살아나기 시작한다.

한국 교회의 힘은 예수의 심장에 있다.

몸이 아프다고 해서

이식된 심장까지 약해졌다고 말할 수 있을까?

마음이 약해졌다고 해서

예수의 피가 묽어졌다고 생각할 수 있을까?

옛날의 열정과 열심이 사라졌다고 해서

십자가의 보혈이 흐르지 않는다고 단언할 수 있을까?

그 누구도

예수의 심장에서 뿜어져 나오는 보혈의 힘을 거부할 수 없다.

진단도 중요하지만

강력한 희망을 던져 주는 것이 더 절실한 요즘이다.

십자가 앞에 나가도록 이끌어 주는 것이 더 간절한 오늘이다.

백 마디 진단보다

한마디 말씀으로

무너질 것만 같았던 교회는 다시 일어설 수 있다.

연약함만을 바라보며
희망을 포기하는 사람들에게

구약의 갈렙은 '생명의 힘'으로 충만한 사람이었다.

가나안 땅 정탐을 하던 시절,

그는 남다른 영적 에너지를 가지고 있었다.

"저들은 우리 밥이다!"

그때의 힘은 40년이 지나도 변치 않았다.

그는 아무것도 보이지 않는 헤브론 땅을 향해 이렇게 말했다.

"이 산지를 내게 주소서!"

그 산지는 점령하기 어려운 난공불락과 같은 지역이어서

다른 지파들은 말할 엄두도 내지 않던 곳이었다.

그럼에도 갈렙의 외침은 달랐다.

무엇이 이런 모습을 갖게 만들었을까?

바로 생명이다.

하나님으로 충만한 '생명의 힘'이다.

이 힘이 없으면

우리 앞에 있는 산지는 '언제나 피하고 싶은 산지'가 된다.

그러나 이 생명의 힘이 있으면

어떤 산지이든 '도전할 만한 산지'가 된다.

그런 생명의 힘을 가지고 있었던 갈렙은

85세가 되어서도 젊은 청춘의 힘을 그대로 드러내었다.

어떤 사람들은 한국 교회의 회생을

'계란으로 바위 치기'에 비유한다.

물론 교회가 계란처럼 보일 수도 있다.

연약하고 깨지기 쉬운 존재로 비칠 수 있다.

그러나 계란과 바위의 차이점은

강력함이 아닌,

생명력에 있다.

바위는 세월이 갈수록 부서지고 무너져서 모래가 되어 버리지만

계란은 언젠가 그 위에서 당당히 밟고 서 있을

병아리를 만들어 낸다.

그것이 바로
교회의 미래다.
그리스도인의 내일이다.

연약해 보여도
그리스도의 생명이 있기에
우리는 그 어떤 존재보다 강력하다.

변치 않는 것을 바라보아야 할
사람들에게

2019년, 문체부 보고에 의하면
종교인구 중 기독교가 967만 명으로 1위를 차지했다.
그 뒤를 불교와 천주교가 이었다.

그만큼 교회는 양적으로 거대해졌다.
그러나 양적 성장을 이룬 만큼 교회가 건강할까?
교회의 건강에 대해서는 의문을 가질 수밖에 없다.

한국 교회의 거품이 드러난 것은 어제오늘 일이 아니다.
실용주의와 윤리종교로 전락한 기독교가 그 한계를 노출하고 있다.

날이 갈수록 목회자들의 비리와 부정 사건이 이어지고,
교단이나 각 단체에서는 금권 부정 투표가 만연하다.
물질만능이 만들어 낸 부정부패의 고리에 얽혀
기독교는 사람들에게 비윤리적 종교로 인식되기에 이르렀다.

영적 권위와 도덕성이 무너진 상태에서
신앙과 신학 역시 온전하지 못했다.
신천지를 비롯한 온갖 이단들이 교회를 위협하고 있다.
당당하게 자신들의 성경이해가 옳다고 주장하며
대담하게 정통 교회에 대항하고 있다.

이를 지켜내야 할 교단과 교회연합기구는
이단들을 강력히 대처하지 못하고 있으며,
심지어 그들과 손잡으려는 배교행위까지 서슴없이 자행한다.

결국 온전한 말씀의 능력 위에 세워진 교회가
이단들을 두려워하는 어처구니없는 상황으로 치닫고 있다.

어느새 한국 교회는
"한국 교회가 중세 시대 로마가톨릭과 다를 바 없다."는
최후통첩을 받기에 이르렀다.
종교개혁의 전통을 이어받은 개신교회에게
이보다 더 자기를 부정하는 말이 어디 있겠는가.

이런 상황에서 질문을 던져본다.
이제 한국 교회는 어디에서 희망을 찾아야 하는가?

지금 우리가 할 수 있는 것은
시선을 올바로 고정하는 것이다.
교회에서 답을 찾으려면 답이 나올 수 없다.
우리가 시선을 두어야 할 분은 하나님이다.

눈에 보이는 교회는 망해도 하나님은 그대로이시다.
눈에 보이는 교회는 흔들려도 하나님은 변함이 없으시다.
눈에 보이는 교회는 끝나도 하나님은 영원하시다.

눈에 보이는 교회는 무너졌어도
하나님은 진짜 교회, 곧 그리스도의 몸 된 교회를 위해
변함없이 일하신다.

코로나19라는 전대미문의 위기 속에서도
하나님은 우리를 위해 일하신다.
눈에 보이는 교회가 아닌 진정한 교회를 지키신다.

우리는 변할 수 있고
교회도 변할 수 있지만
세상도 변할 수 있지만
하나님이 모든 것의 왕이시라는 사실은 변치 않는다.

흔들림 속에서 갈피를 못 잡는
사람들에게

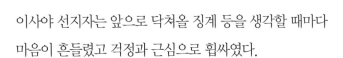

이사야 선지자는 앞으로 닥쳐올 징계 등을 생각할 때마다
마음이 흔들렸고 걱정과 근심으로 휩싸였다.

그러나 이내 안정을 되찾았다.
평안을 얻었다.
영영히 뽑히지 않을 시온 성, 예루살렘을 바라보았기 때문이다.

자신이나 주위의 여건과 형편을 보면
수도 없이 흔들린다.

하나님이 계시는 곳에 내가 있음을 보면
평안이 임한다.

한국 교회도 마찬가지가 아닐까?
외부적 요인으로 인해 스스로 흔들리고 힘을 잃는 것은
하나님을 보지 않고

자기와 자기 형편과 자기 주위를 바라보기 때문이다.

다시 하나님을 바라볼 수 있다면,
다시 기뻐할 수 있다.
다시 웃을 수 있다.
희망이 우리의 것임을 확신할 수 있다.

하늘을 향해 고개를 들어야 할
사람들에게

———

역사는 하나님의 손에 의해 움직인다.
연약한 인간사가
부정과 부패, 전쟁과 기근 등으로 불완전했다 할지라도
하나님의 손길은
불안감을 통제할 수 있는 가장 영향력 있는 변수로 작용했다.

이 사실을 잊어버리는 순간,
인간은 현실을 지나치게 비관하거나
하나님의 다스림을 부정하게 된다.

우리 민족에게 창조되었던 복음의 역사를 보라.
5,000년 동안 토테미즘과 샤머니즘의 나라로 치부되던 이 땅!
무슨 소망이 있었는가.
그저 삶과 죽음만 반복되었던 의미 없는 시간들이었다.

그렇게 우상으로 물든 이 땅에 하나님의 손길이 임하자

교회사에 유래 없었던 한국기독교사가 태동했다.

가장 어둡고 참담했던 일제 강점기를 거점으로
한국 교회가 가장 뜨거운 복음의 확산기를 맞이하게 되었다.

총칼 앞에서 죽음을 택하며 내뱉었던
일제 강점기의 언어들이
지금까지 가장 탁월한 희망의 노래들이 된 것 또한 우연이 아니다.
모두가 살아 있는 하나님의 손길로 인해 가능했던 일이다.

뿌리깊은 신앙이란 바로 이런 것이다.
하늘 아래 광활하게 펼쳐진 땅을 바라볼 줄 알고
영적인 호연지기를 담아낼 줄 아는 것이
바로 신앙이다.

통제할 수 없는 상황 속에서조차 하늘을 바라보고
문제에 직면할 수 있는 용기를 가질 때,
이 시대는 하나님의 이름으로 새롭게 창조되거나 회복된다.

이런 창조와 회복으로 인해
믿음의 선진들은 언제나 벅찬 가슴으로 살아왔고

온몸으로 감싸는 전율을 느껴 왔다.

그 영적 기운을 들여다보면
도무지 비관이나 부정을 찾아볼 수가 없다.
오직 굶주린 사자처럼 달려드는 시대의 조류에도
두려움 없이 당당히 맞서는 강인한 야성만 보일 뿐이다.

오늘날 교계를 난국이라고 말한다.
세상 사람들의 시각뿐만 아니라
교회 내에서조차 기독교에 대한 인식이 냉혹해졌다.
성직자들에 대한 갖가지 불신 때문에
교회가 세상을 염려하는 것이 아니라
세상이 교회를 염려하고 있다.

그러나 기억하자.
이런 현실의 아픔 때문에
하늘을 바라보는 눈조차 닫지 말자.

부패된 교황의 권위로 인해
지금과 같은 비판은 도무지 허용되지 못했을 때,
그럼에도 불구하고 무엇이 그 시대를 극복하게 만들었는가.

바로 종교개혁자들의 하늘을 바라보는 눈이었다.
현실을 넘어 하늘을 향한 소망이 세계사를 개혁시켰다.

오직 열린 하늘을 바라보고
하늘의 능력과 은혜를 회복하자.
우리에게는 아래를 바라보며 던지는 비판보다
위를 바라보며 흘리는 눈물이 필요하다.

신앙의 대상을 바로잡아야 할
사람들에게

우리가 현실을 논하게 될 때 종종 직면하게 되는 오류가 있다.
눈에 보이는 문제들을
제한적인 경험과 지식의 한계로 해결하려는 것이다.

금송아지를 만들어 여호와 하나님이라 부르던 이스라엘 민족이나,
이스라엘 중의 이스라엘이라 자처하던 바리새인이
대표적인 예가 될 것이다.

하지만 한국 교회라고 다를까?
한국 교회의 고질적인 문제들 대부분이
종교성의 한계와 동일선상에 놓여 있다고 할 수 있다.

신앙이 종교화되어 가는 현상은,
하나님의 구속의 역사 가운데
범죄한 인간이 담당해 온 부분이다.
철저히 범죄할 수밖에 없는 세상의 모습이

사실상 교회에도 스며들어 있다.

하지만 예수님은
그것을 깨닫고 돌이키게 하신다.
교회를 교회 되게 하신다.

그 사실을 인정하게 될 때
모든 것을 주께 맡기고 의지할 수 있는 믿음이 나온다.

오늘날 한국 교회는 대내외적으로 다양한 문제에 직면해 있다.
무엇보다 문제 앞에 놓였을 때
말씀의 가치를 바르게 적용하지 않는다.
고통을 나누고 아픔을 함께하려는 의식보다
다분히 유익을 위한 처신과 책임을 회피하려는 모습을 드러낸다.
그렇게 교회가 자본화, 조직화, 세속화의 길로 빠져 들어간다.

물질을 추구하던 느부갓네살처럼
종국에는 자신이 신이 되려는 길을 선택했고,
십자가 없는 하나님을 섬기던 바리새인처럼
종국에 가서는 자신의 하나님을 죽이는 길을 선택했다.

이제 교회 안에 스며든 종교성을 내던져야 한다.

인간의 방식을 모두 내려놓아야 한다.

그것을 벗어던질 때 진정한 은혜와 자유가 임한다.

조건을 초월한 행복을 경험한다.

종교가 발전과 성장 속에서 기쁨을 말한다면,

신앙은 이미 주신 구원 가운데서 은혜를 말한다.

그리고 그 은혜는

고난이 올 때에도 범사에 감사와 기쁨으로 주님을 바라보게 한다.

지역의 어려운 이웃들에게 따스함을 전하다

- 주사랑어머니회·주사랑며느리회

삼양교회의 주사랑어머니회와 주사랑며느리회는 지역에서 주님의 사랑을 실천하는 사랑의 군단이다.

소년소녀가장들의 생활을 돌보면서 그들의 필요를 채워주기 위해 결성된 주사랑어머니회는 김장하기와 반찬나누기, 집 청소와 꾸미기, 명절 때 돌아보기 등 다양한 활동을 통해 그들의 '소중한 어머니'가 되어 주었다. 명절이나 크리스마스, 새 학기 등 아이들에게 어머니의 손길과 빈자리가 더 크게 느껴지는 시기에는 용돈도 챙겨 주고, 속옷과 교복, 학용품 등을 세밀하게 챙겨 주며 주님의 사랑을 느끼게 해주기 위해 애쓰고 있다.

주사랑며느리회는 지역의 며느리가 되어 독거노인가정이나 장애인가정 등을 돕고 있다. 그밖에도 병원에 모셔다 드리거나 말벗이 되어 드리는 등 좋은 이웃이자 친구가 되어 드리려고 노력하고 있다. 호스피스 교육을 통해 임종 직전의 노인들이 예수 그리스도를 영접하도록 도움을 드렸다.

7장

제자의 길을 가려는
사람들에게

제자훈련의 핵심을 묻는
사람들에게

제자훈련을 하고 있는
후배 목사님들에게 권면하고 싶은 말이 있다.

얼마나 많이 훈련을 받고,
얼마나 많은 이들이 수료했으며,
교회가 제자훈련으로 어떤 스포트라이트를 받고 있느냐,
이것이 중요한 것이 아니다.

단 한 사람일지라도
진정한 예수님의 제자로서
말씀을 삶 가운데 적용해 나갈 때
하나님으로부터 인정받게 된다.

제자로서 인정하시는 분은 하나님이시다.
인간의 시각으로 제자훈련의 성과를 평가하지 말자.
제자훈련은

그 누구도 아닌
말 그대로 예수님의 제자를 세우는 과정이다.

예수님이 제자로서 인정하실 때
비로소 그 제자훈련은 성공의 반열에 이르게 된다.
이것이
제자훈련의 교재보다 중요하고
제자훈련의 리더보다 중요하고
제자훈련의 가시적인 성과보다 중요하다.

제자훈련의 의미를 묻는
사람들에게

성도들은 교회 안에서 훈련을 받는 동안
뭔가 변화된 듯한 모습을 보인다.

훈련이 끝나고 나면
다시 제자리로 돌아간다.

어디 성도뿐일까.
교회도 마찬가지다.

제자훈련을 잘한다고 해서
그 교회가 건강하고 능력 있는 교회라고 자신할 수 없다.

제자훈련을 하지 않기 때문에 생기는 문제들도 있지만
제자훈련을 하기 때문에 새로운 문제에 봉착하는 경우도 많다.

제자훈련을 함께 받다가 뭉친 그룹들,

끈끈한 정이 생겨 점점 더 똘똘 뭉친다.
이것이 다른 성도들에게는 위화감을 줄지도 모른다.

제자훈련을 수료해서 중직자 선출의 대상이 된 성도.
그 성도의 자랑 앞에서
아직 제자훈련을 받지 않은 성도는 주눅이 들지도 모른다.

아마도 그들은
제자훈련을 받은 것만으로도 만족감을 느낄지 모른다.
뭔가 변화되었다는 사실에
안도감을 느끼고 있는지도 모른다.

그 안도감과 만족감이
위화감을 준다는 사실은
전혀 알아채지 못한다.

이처럼 제자훈련을 잘 받았다고 해도
지난 수십 년간 형성된 인격이
하루아침에 바뀌지 않는다.

제자훈련은

하나님과 인격적으로 만나 교제할 수 있도록
통로를 열어 주는 단계에 불과하다.
예수님의 제자들 역시
예수님의 가르침을 통해 거듭 훈련을 받았지만
좀처럼 변하지 않았다.
부활하신 주님을 인격적으로 만난 이후에야
본격적으로 변화하기 시작했다.

성도들도 마찬가지다.
제자훈련 자체가 변화를 담보하지 않는다.
제자훈련은 완성이 아니라 시작일 뿐이다.
훈련을 통해 하나님을 인격적으로 만날 수 있는
발판이 마련된 것일 뿐이다.
이미 변화된 것이 아니라
이제 변화될 준비가 되었을 뿐이다.

제자훈련을 받았다면
그때부터 본격적으로 변화되기 위해 몸부림쳐야 한다.
스스로 하나님을 만나기를 갈망하면서
기도하고 말씀을 읽고 묵상해야 한다.
그 가운데서 하나님은 성도들을 만나 주시고

본격적으로 그들을 변화시키기 시작하신다.
이제야 변화가 조금씩 시작되는 것이다.

제자훈련을 통해 배운 내용들을 가지고도 으쓱할 필요 없다.
기본적인 교리와 신학이 정립되었다고 해서
자랑할 필요가 없다.
그것 또한 기초에 불과하다.
말씀을 더 많이 알게 된 것이 아니라
말씀을 더 많이 알고 싶어졌을 뿐이다.

제자훈련은 변화의 끝이 아니라 시작이다.
하나님 안에서 믿음의 이정표를 하나 세웠을 뿐이다.
신발 끈을 다시 단단히 묶고
주님이 부르시는 그날까지,
그리스도의 장성한 분량에 이르기까지
계속해서 달려나갈 뿐이다.

배울수록 겸손해져야 한다.
배울수록 더 고개 숙여야 한다.

그렇게 숙이는 자세를 취하는 것,

오로지 하나님의 인도하심과
하나님을 통한 변화를 구하는 것
그것이 제자훈련의 의미다.

제자훈련의 변화 시점을 묻는
사람들에게

변화가 일어나는 것은 분명하지만
그 변화가 우리가 정한 시기에,
우리가 예상하는 만큼 일어나는지는 가늠할 수 없다.

풀빵기계를 돌리면 풀빵이 일정하게 찍혀 나오는 것처럼
제자훈련을 기계처럼 돌린다고 해서
성숙한 성도라는 풀빵이 일정하게 나오지 않는다.

변화의 시점은 하나님 외에 누구도 알 수 없다.

어떤 성도는 제자훈련 초기에 성령님이 만져 주시고
어떤 성도는 수년이 지나야 열매를 거둔다.
모든 것이 성령님이 정하신 시간에,
성령님이 정하신 방법으로 이루어지는 것이다.

변화의 속도를 두고

그 누구도 판단해서는 안 된다.

그 누구도 자부해서는 안 된다.

그저 성령의 인도하심에 따라갈 뿐이다.

제자훈련을 통해 성령과
교제해야 할 사람들에게

제자로 사는 것,

어쩌면 우리의 의지만으로는 불가능한 일이다.

예수님의 말씀에 순종하는 것,

이 역시 우리의 의지로만 되지 않는다.

결정적으로 하나님의 도우심이 필요하다.

결국 제자훈련은 '기도를 통한 성령이 사역' 그 자체다.

제자훈련의 주체는 사람이 아니라 하나님이시다.

곧 제자훈련은

성령님이 말씀과 기도를 통해

사람의 마음과 생각과 영혼 안에서 운행하시고

그 가운데서 사람을 치유하고 변화시키는 일련의 과정이다.

제자훈련의 가장 큰 가치는

기도를 통해 성령님과 교제하는 데 있다.

기도가 없으면 성령님과의 교제도 없다.

그런 제자훈련은 세상의 학교와 다를 바가 없다.

성령님의 도움 없이는 어떤 진리도 깨달을 수 없다.

결국 성령님의 능력을 신뢰하는 만큼

성도들도 변화된다.

제자로서 변모한다.

제자훈련으로 주님의 일꾼이 되길 바라는 사람들에게

————

남편과 이혼할 마음을 가지고 있던 한 성도님이
삼양교회에 등록하셨다.
교회 등록 후 제자훈련을 받던 어느 날
갑자기 수업 중에 울기 시작했다.
15명 훈련생 앞에서 책을 덮고 바닥에 무릎을 꿇더니
대성통곡을 하는 것이 아닌가.

"목사님, 제가 죄인입니다.
지금까지 결혼생활이 끝난 것에 대해
남편을 원망하고 남편 때문이라고만 생각했는데,
오늘 제자훈련을 받으면서
이 문제의 모든 원인이 제게 있다는 사실을 깨닫게 됐습니다!"

그러자 제자훈련을 받던 분들이
너나 할 것 없이 자신의 죄를 고백하기 시작했다.
회개의 역사가 순식간에 일어났다.

이후 집사님은 제자훈련 수료 후
사랑방 순장, 교구장을 거쳐
여전도회연합회 회장으로 충성스럽게 섬기셨다.
이후 신학교에 입학해 교회에서
여전도사님으로서 열심히 섬기셨다.

전도사님은 우리 교회를 떠나 다른 교회를 섬기게 됐는데,
그 교회의 담임목사님으로부터 한 통의 전화를 받았다.
"목사님, 어떻게 이렇게 교인을 잘 훈련시키셨습니까?
저희 교회에 귀한 전도사님을 보내 주셔서 너무 감사합니다."

이처럼 그때 통회자복하시던 성도님은
그 교회 담임목사님과 성도들로부터
인정과 사랑을 한 몸에 받는 충성된 일꾼이 되셨다.

그것이 끝이 아니었다.
어느 날, 전도사님이 시골로 가셨다는 이야기를 들었다.
시어머니가 시골에서 치매로 어려움을 겪게 되자
전도사님은 교회 사역을 정리하고
시어머니를 봉양하기 위해 남편과 함께 시골로 떠났다는 것이다.

순간 이런 생각이 들었다.
"이것이 삶으로 드러난 제자훈련의 본질이구나!"

제자훈련의 본질이 무엇일까?
물론 말씀으로 제자 삼는 것이다.
시어머니 한 영혼을 위해서 사역지를 다른 이에게 맡기고,
시골로 내려가는 집사님의 모습에서
나는 참된 제자의 모습을 보았다.

그분에게 있어 삶의 선택은
자신의 이기적인 삶에 근거하지 않았다.

특히 그분은 가정 역시도
그리스도의 십자가 사랑으로 세워진 교회라고 생각했다.

오늘날 많은 사람이 제자라고 말은 하지만
가정이 영육의 시련을 겪으면서
그리스도의 사랑으로 용서하고 포용하기보다
세상의 방식으로 정죄하고 은폐시키는 데 익숙해져 있다.

주위의 힘들고 고통받는 가족이나 성도들을

교회라는 차원에서 바라보기보다는
세상 조직체 차원에서 바라보기도 한다.

나는 전도사님을 보면서
제자가 무엇인지,
나아가 교회 공동체가 무엇인지 생각하곤 한다.
그런 고민을 하다 보면
은퇴를 앞두고도 내 목회는 언제나 시작일 뿐이라고
고백하게 된다.
알짜배기 제자들 앞에 머리를 숙이게 된다.

글로벌 크리스천 인재 양성에 힘쓰다
- 한빛국제학교

양산에서 민방위와 통일교육 전문위원으로 활동을 했다. 정부에서 위촉받아 15개 읍·면에 강의하러 다니면서 지역 변화를 위한 꿈과 비전을 심어 주는 데 힘썼다. 이 과정에서 학교 설립을 꿈꾸기 시작했다. 그 비전을 품게 된 이후로, 빛의 역할을 담당해 나아갈 글로벌 크리스천 인재를 양성하고자 기도와 헌신으로 준비해 왔다. 그렇게 하여 세워진 기독교대안학교가 바로 한빛국제학교다.

한빛국제학교는 학생들에게 건전한 복음의 뿌리를 심어주는 것은 물론 건강한 신앙의 기초를 가진 크리스천 인재를 양성하는 데 매진하고 있다.

분명한 교육 철학 아래 유아, 초등, 중등 교과 과정을 연속적이고 일관성 있게 운영하여, 학생들이 은사를 발견하고 계발할 수 있도록 최대한 지원한다. 연속적 교육이 이루어지는 서구형 커리큘럼의 학교라고 볼 수 있다. 더 나아가 세계적으로 뻗어가는 거시적 안목을 소유하고 실현할 수 있도록 장기적인 전략을 가지고 교육한다.

교육 환경도 우수하다. 공기 좋고 유해 시설이 거의 없는 최적의 환경에서 학생 전원 기숙사 생활을 하고 있으며, 공동체 생활을 통해 즐거운 학교와 숙소 생활을 영위해 나간다. 여기에 사제 동행과 동료 장학의 교육프로그램 실현이 가능한 만큼 최상의 기독교 교육기관으로서 발돋움하고 있다.

8장

개혁을 추구하는
사람들에게

삶의 개혁이 필요한
사람들에게

종교개혁을 통해

사람들은 하나님의 은혜를 발견하기 시작했다.

성경의 본질적 의미를 되찾았다.

더 이상 하나님의 은총과 구원사역은 교회 안에만 머물지 않았고

문화, 학문, 경제, 정치, 교육 등 삶의 전 영역으로 퍼져나갔다.

그 가운데서 대대적인 변화를 이끌어 내었다.

오늘날 한국 교회에도 종교개혁과 같은 변화가 절실하다.

교회 내의 분쟁과 다툼,

목회자들의 윤리적 타락,

말씀 중심 신앙의 실종,

성경적 목회 상실,

사이비 이단의 교회 파괴,

교단의 난립과 무책임한 신학 교육,

교단 정치의 세속화…

부패한 교회에 대한 냉철한 성찰과 전향적인 도전이 필요하다.

500여 년 전 종교개혁의 교훈을 되찾아야만 하는 상황이다.

하지만 개혁의 대상이 조금 다르다.
오늘날 개혁주의가 치러야 되는 영적 전쟁은
말씀선포나 성례와 권징과 같은 외적 표지가 아니다.
이 시대는 성경적 진리를 지켜냄에 있어서
더 내면적이고 더 본질적인 부분을 위해 씨름을 해야 한다.
곧 삶의 변화다.

어쩌면 과거의 종교개혁보다
더 어려운 과제가 놓여 있는지도 모른다.
차라리 로마 교황 앞에서의 교리적이고 이론적 싸움은
오히려 쉬운 전쟁이었는지도 모른다.
오늘 우리에게 주어진 삶의 개혁은
해결하기가 더욱 어렵다.

어렵기 때문에
기준을 분명히 정해야 한다.
애매하기 때문에
깨트릴 것은 깨고 버릴 것은 버려야 한다.
형식화된 신앙을 과감히 척결해야 한다.

이것이 새 사람, 새 신앙으로 나아가기 위한 '삶의 개혁'이다.
교리에 머무는 것이 아니라 삶을 바꾸는 진짜 개혁이다.

주님께서 라오디게아교회를 보시고 말씀하셨다.
"내가 네 행위를 아노니
네가 차지도 아니하고 뜨겁지도 아니하도다."
주님이 지적하신 것은 마음이나 감정이 아니다.
행동이 미지근하다는 것이다.
우리 주님은 우리의 행동과 삶을 보신다.

우리가 붙잡아야 될 방향은
더 이상 말이나 감정의 문제가 아니다.
'우리의 삶 전체가 주님을 향해서 얼마나 뜨겁게 움직이는가.'
'주님을 향해 얼마나 열심히 달려가는가.'
이것이 우리 앞에 놓인 도전과제다.

영적 역동성을 가져야 할
사람들에게

개혁은

안주함에서 벗어나 하나님의 부르심을 따라

십자가를 지는 일이다.

그 개혁은

정적(靜的)인 것에서 역동적(力動的)인 것으로 변한다.

처음에는 정적인 시간이 필요하다.

우리 사회에서 끊임없이 일어나는 문제들의 도전에 대하여

계속 고민하고

계속 응답을 구하는 일이 필요하다.

성경의 권위가 무시되는 현실 앞에서

예수님의 대속의 십자가와 부활의 복음을 부정하는 세상 앞에서

무관심으로 일관하는 것은 하나의 죄악이다.

우리는 그런 현상에 주목하고

끊임없이 고민과 답을 구해야 한다.

응답을 구한 후부터는 일어서야 한다.

그때부터는 활발히 움직여야 한다.

모두가 움직여야 한다.

시대가 소용돌이치고 있는데,

편안하게 아무것도 하지 않은 채

머물겠다고 생각하는 것 또한 죄악이다.

하나님이 이루시는 역사는

항상 역동적으로 흐르고 있고,

항상 새롭고,

항상 발전하고

항상 열려 있다.

그런 역동성 가운데서 변화를 몸부림칠 때

자리에서 일어날 때

우리는 하나님이 우리 앞에 두신 목표를 향해 전진할 수 있다.

격동하는 시대 속에 뛰어들어

하나님의 뜻을 전하는 역사를 만들어 나갈 수 있다.

이것이 하나님의 기쁘신 뜻에 따라 살아가는 길이다.

개혁이란 다른 게 아니다.

뜻을 구하고
뜻에 따르는 것,
그것이 개혁이다.

지도자로서 개혁을 간구하는
이들에게

삶의 개혁.
여기에도 출발점이 존재한다.
삶의 개혁은 목회자의 개혁에서부터 출발한다.

지금까지 강단에서 성경의 무오가 선포되었다면,
이제 삶 속에서 그 진리의 무오성을 증명해야 한다.

부패한 삶을 철저히 청산해야 하고
게으르고 나태한 자리에서 일어서야 한다.
세상 재미에 휩쓸려 있는 생활방식을 버려야 하고
주님의 계율과 법도를 무시했던 지난 과거로부터 벗어나야 한다,

더불어
주님만을 신실하게 사랑하고 섬기는 자리를 찾아가야 한다.
자신을 온전히 성화시켜 나가는 삶을 드러내어야 한다.

하지만 개혁을 위한 현실의 벽은 상당히 높다.
목회자들 또한 개혁의 의지를 가져보지만
결코 쉽지만은 않음을 깨닫는다.
교회 안팎의 기존 세력들의 완강한 벽에 부딪쳐
좌절하는 목회자들이 많다.

하지만 분명히 기억하자.
물이 한꺼번에 끓지 않는 것처럼
한국 교회도 모든 교회가 한꺼번에 개혁되지는 않는다.

단, 여기저기서 작은 개혁들이 일어나기 시작하면,
그리고 그것들이 점점 뭉쳐지면
마침내 한국 교회의 거대한 개혁이 이루어진다.

목회자가,
교회의 지도자가
그 작은 것들을 뭉쳐나가야 한다.

뭉쳐가는 가운데서 모두가 개혁에 동참하기 시작한다.
그리고 작아보였던 그 눈덩이는
어느새 외부의 위협도 능히 이겨낼 정도로 크고 단단해진다.

개혁의 본질을 알아야 할
사람들에게

개혁…

어느 시대 어느 장소에서도 언급되지 않은 곳이 없었다.

교회 또한 끊임없이 개혁을 요구한다.

여기서 의문을 가져본다.

과연 교회가 잡고자 하는 개혁의 실체가

신앙의 본질과 관련되어 있는가?

과연 한국 교회가 현재 개혁의 지표로 삼고 있는 것이 무엇인가?

교회의 문제를 지적하는 사람들이 주장하는 개혁은

정치와 교회의 유착문제,

목사의 권위의식,

헌금 강조 및 강요,

직분 강조,

교회 세금문제,

교회세습 등 제도와 관계되는 것이 대부분이다.

이때 우리가 질문해 보아야 하는 것이 있다.
과연 교회가 그것들을 일소하고 실천하면
진심으로 교회다워질 수 있는가 하는 것이다.

우리가 망각하고 있는 것은
예수 그리스도의 피로 세워진 그리스도의 몸 된 교회가
바람직한 제도를 바탕으로 하여 세워진
종교단체가 아니라는 사실이다.

개혁의 본질은 바람직한 제도에 있는 것이 아니라
예수 그리스도의 죽으심과 부활의 능력에 있다.
예수 그리스도의 죽으심과 부활이 생생히 살아 있는 것이
곧 예수 그리스도의 피로 세워진 교회의 모습이다.
말씀의 본질은 무시하고 개혁을 논한다는 자체가
교회를 교회 되지 못하게 하며,
개혁을 불가능하게 하는 원인이 될 수 있다.

더 큰 문제는
조직으로서 교회를 무조건 문제시하는 것이다.

이러한 태도는 교회를 인정하지 못하는 무지를 드러낸다.

또 다른 문제는
지금의 교회와 새로워진 교회를 둘로 분리해 버리려는 태도이다.
마치 개혁을 내세우면서
검증 불가능한 서구의 시스템을 들여와
한국 교회에 접목해서 개혁해 보겠다는 태도다.

사실 한국 교회의 전반적 개혁의 형태들은
말씀으로 돌아가자는 기치로 시작해서
성경공부와 훈련을 프로그램화한 후
그것을 다시 교회시스템으로 고착시키는 방식이었다.

그러나 정작 변화는 없었다.
여전히 개혁에 대한 요구는 되풀이될 뿐이다.
그것은 개혁의 본의가 성경의 본의를 무시하고 있기 때문이다.

성경은 모든 인간은 악하다고 선언하고 있음을 잊지 말자.
교회가 시대철학의 하수인 노릇을 담당하듯
성경공부와 제자훈련을 통해서
악은 사라지고 선을 행할 수 있다고 주장하는 것은 잘못된 것이다.

이런 것은 교회를 교회 되지 못하게 하는 요인이 된다.

인간과 조직의 갱신을 목적으로 하는 일련의 발상들은
그 자체가 악일 수밖에 없다.
아무리 제도를 이상적이고 바람직한 것으로 뜯어고쳐
바람직한 교회상을 드러낸다고 해도
그 중심에는 결국 악한 인간이 함께하고 있을 따름이다.
제도를 고치고
몇 가지 바람직한 규례를 세워서 실천한다고 해도
인간으로 인한 문제는 영원히 사라지지 않기 때문이다.

지금 우리에게 필요한 것은
'교회가 무엇인가'에 대한 정의다.
그 정의부터 바르게 정립되어야 한다.

교회란 오직 말씀으로만 가능하다.
말씀의 본질을 깨닫고
말씀의 세계에 들어가게 되면
그것이 곧 교회 됨이다.

교회의 본질을 제대로 파악하고 알아갈 때

비로소 지금까지 교회의 잘못된 행위에 대한 분별력을 갖게 되고
비로소 죄인으로서의 성도의 자세가 무엇인지 깨닫게 된다.
이것이 교회의 교회 됨이다.

교회가 추구해야 하는 개혁의 본질은
나 중심, 인간 중심의 교회에서
하나님 중심, 말씀 중심이 되는 것이다.
하나님의 말씀은
우리를 정의로운 사람 되게 하는 것이 아니라
하나님 중심의 사람이 되게 하는 것이기 때문이다.

그렇다면 교회가 말씀 중심이 된다는 것은 어떤 의미인가?

말씀 앞에 서서
말씀에 아예 벗어나 있는 자신을 보는 것이다.
그 어떤 인간도
말씀의 요구에 완벽하게 일치된 자로 존재할 수 없기 때문에
누구든 말씀을 접하게 되면
가장 먼저 자기 죄에 대해 애통하고 상한 심령이 될 수밖에 없다.

자기 죄에 대해 애통하지 않으면서

상한 심령이 되지 않으면서
불의와 비리가 사라진 곳에서 깨끗한 교회를 세우겠다는 것은
정의감이 아닌 허세일 뿐이다.

교회를 죄인이 나아오는 길이 아니라
의인 된 자들만을 위한 교회 종교단체로 전락하게 되는 것이다.
교회의 교회 됨이 하나님이 원하시는 사람됨에 있음을
잊고 있는 것이다.

교회의 가르침은 교회를 어떻게 만들려고 하는 것보다
함께 모이는 성도들에게
말씀의 세계를 제대로 접하게 하는 데 진력을 다해야 한다.
이것이 우리가 추구해야 나가야 할 '교회 됨'이며
개혁의 핵심적인 모습이다.

혁명이 필요한
사람들에게

———

과거 교회가 세상을 이끌던 시대가 있었다.
교회가 선봉에 서서 시대적 지평을 열고,
세상은 그런 교회의 말을 지지하며 따랐다.

그러나 지금은 어떠한가?
완전히 반대된 양상을 드러내고 있다.
세상이 지평을 열고, 교회가 그 뒤를 따라간다.
이런 모습을 믿음의 눈으로 애써 부인하려해도
안타깝게도 부인할 수 없는 것이 현실이다.

어쩌다 이런 지경에 이른 것일까?
몇 만, 몇 천이 모이는 대형교회가 곳곳에 수두룩한데
왜 교회가 힘을 잃고 있을까?
도대체 무엇이 문제일까?

원인은 너무도 많다.

기복신앙과 이기주의,

반이성적 열광주의,

목회자들에 대한 불신,

분열과 배타적인 양상,

교회의 기업화 등

지금까지 알려진 이유만 해도 상당하다.

그러나 이런 것들보다 더 가슴을 저미게 만드는 것이 있다.

바로 이런 현실을 보고도 애통해 하지 않는 무기력증이다.

거룩을 향한 갈망이 식어지고 있는 우리 마음이 문제다.

우리는 세상과 맞서 싸우겠다는

복음의 혁명정신을 잃어버린 것,

이것이 가장 큰 위기다.

개혁과 혁명은 다른 말이다.

개혁은 시간을 두고 서서히 바꾸어 가는 것을 말하고,

혁명은 급격하지만 완전히 변혁하는 것을 말한다.

지금 우리가 연약해진 것은,

시대적 충돌을 위한 혁명적 에너지를 퍼붓기보다,

근본만 퇴색되지 않을 범위 내에서

시대적 사명을 찾곤 했기 때문이다.
사실, 지금까지 기독교 역사들은
개혁을 지향해 온 경우가 많았다.
세상과 충돌하기보다는 세상을 온건하게 타일러 온 것이다.
그토록 암흑기였던 중세시대조차
급진적인 혁명보다는 개혁 쪽을 택해 왔다.
다행히 지금까지의 시도는 성공적이어서
기독교는 세상과 제법 잘 어울리며 지낼 수 있었다.

그러나 그런 온건한 개혁정신으로 인해
우리는 또 다른 위기에 직면하게 되었다.
더 이상 뜨겁지 않게 된 우리는
이제 거꾸로 세상으로부터 복음과 상관없는
열기를 공급받아야 하는 현실에 직면하게 되었다.

실제로 언제부터인가 세상은
연약해진 우리 기독교를 개혁하겠다고 나서고 있다.
그리고는 이렇게 말한다.
"은과 금이 내게 있으니 세상의 이름으로 일어나 걸어라."
이런 도전에 교회는

"피리를 불어도 춤추지 않고 슬피 울어도 가슴을 치지 않고서"
(마 11:17)

유순히 세상에게 길들여진 공동체가 되어 버렸다.

이제는 무엇이 위험한지를 분명히 알아야 한다.
세상 전체를 부정하고 시대를 뒤엎으려는 혁명이 위험한 것인지,
힘없는 현실로 인해 세상과 타협하며 사는 것이 위험한 것인지
냉철하게 판단해야 할 때가 되었다.

지금의 교회는 세상의 틀을 완전히 벗겨내고
새롭게 거듭나야 한다.
이 시대를 향한 간절함은 개혁보다는 오히려 혁명 쪽이어야 한다.

몇 해 전부터 인도네시아에서 기독교 혁명이 일어나고 있다.
미국 시사 주간 〈타임〉지는
무슬림 인구가 지배적이었던 인도네시아에서
기독교가 급격한 성장을 통해
세력을 확산해 가고 있다고 보도했다.
아직까지도 인도네시아는
무슬림들이 지배적인 나라,

기독교 박해 국가라는 인식이 강하다.

그러나 공개적인 기독교 야외 집회가 열릴 정도로
최근 분위기는 달라지고 있다.

인도네시아 중부 테망궁의 한 광장에서
주기적으로 수백 명의 사람들이 모여
혁명적인 집회를 벌이고 있다.
수도인 자카르타에는
미국 바이블벨트에서나 볼 수 있는 광경이 낯설지 않을 정도다.
몇 년 사이 새롭게 지어진 대형교회들이 하늘 높이 솟아 있고,
교회가 아직 지어지지 않은 곳에서는
호텔이나 상점 등에서 예배가 드려지는 일도 흔하다.

자카르타를 비롯한 대도시에서는
주일예배가 쇼핑만큼이나 인기 있는
주말활동 중 하나가 되고 있다.
인도네시아 케이블 TV는 24시간 기독교 방송을 내보낸다.
〈타임〉지는 이 같은 변화를 '종교혁명'이라고까지 표현했다.

이 시대는 온건한 개혁이 아닌 뜨거운 혁명이 필요한 시대다.

세상과 함께 유순한 동행이 필요한 것이 아니라,
성령과 함께 급진적 충돌이 필요한 시대다.
한 시대가 망하는 것은 현실이 위협적이어서가 아니다.
시대를 부여잡고 혁명적으로 부르짖는 자가 없기 때문이다.

우리나라는 어떤가?
우리 가슴에 이 시대를 향한 갈급함이 남아 있는가?
우리의 가슴속 열망이 식어버리는 순간,
기독교는 천박한 수준으로 전락하게 된다.

인도네시아에서 불고 있는 그 혁명이
한국에서도 재현되어야 한다.
그 옛날 우리나라에도 일어났던 그 혁명이
지금 이 시기에 절실하다.

| 삼양교회 이야기 |

교육을 통해
인도의 복음화를 꿈꾸다
- 만나학교

세계복음화 선도를 위해 삼양교회가 주목하고 있는 나라는 인도다. 인도는 세계적으로 인구가 많은 곳으로 힌두 지역을 복음화하기 위하여 본격적으로 선교활동을 시작했다. 특히 삼양교회는 인도의 향후 100년을 바라보며 교육 사업에 집중하게 되었다.

지난 2009년도부터는 학교설립을 계획했으며 부지 매입을 거쳐 만나학교를 운영하기 시작했다. 이 학교의 교사는 모두 기독교인이다. 헌신된 교사들은 아이들에게 일반 교육뿐 아니라 신앙교육을 철저하게 시키고 있다. 이 학교 출신 아이들이 세례를 받는 열매를 거두기도 했다.

교회가 세상에 줄 수 있는 것은 단 하나, 십자가의 영성이다. 세상과 타종교에서는 찾을 수 없는 유일한 것이다. 교회가 추구해야 할 것이 바로 이 영성이다. 앞으로도 삼양교회는 민족과 세상을 섬기는 교회가 되도록 힘쓸 것이다.

9장

교회를 이끌어 가는 리더들에게

목회자의 정체성에 대해 묻는 사람들에게

"목회자는 과연 어떤 사람인가?"
"목회자는 어떤 삶을 살아야 하는가?"

목회의 소명을 받은 이 땅의 모든 이들이
항상 되물어야 할 물음이자
대답해야 할 의무가 있는 물음이다.

이 물음에 대한 대답은 너무나 다양하다.

"신자가 되라!"
"학자가 되라!"
"성자가 되라!"
"전도자가 되라!"
"목자가 되라!"

이 대답들 하나하나가 신학교를 다닐 때부터

내 가슴속에 크게 자리잡은 교훈이다.

소명의 길을 계속해서 달려오는 동안
중요한 고비가 있을 때마다
늘 생각해 내고 기억해 내었던 사역의 지침이었다.
동시에 자기반성의 표준이 되었다.

사실 한국 교회는
선교 초기부터 선교 130년을 바라보는 현시점까지
목회자가 본분과 정체성에 대해
지속적으로 질문을 받아 왔다.

한반도에 처음으로 복음이 들어오고
외국인 선교사들이 목회자들을 세우는 과정에서도
목회자의 정체성에 대한 논의가 뒤따랐다.

한국 선교 초기, 남장로교 소속 선교사로서
한국 땅을 밟았던 이눌서(William D. Reynolds) 선교사는
목회자의 정체성에 대해서 이렇게 같이 말했다.

"목사가 될 사람이 선량한 기독신자라 하더라도

너무 성급하게 목사교육을 받도록 추천하지 말고,

오랜 시일을 두고 살펴보며 시험해 보고,

그를 위하여 기다려야 한다.

그리고 목사가 될 사람은 성령으로 충만해야 하며

바른 신앙을 가져야 하고,

그리스도를 위하여 고난을 이겨낼 수 있어야 하며,

일반 지식도 갖추어 교회의 지도자로서

사람들의 존경을 받을 수 있어야 한다.”

곧 목사란

'영성'과 '도덕성'과 '지성'을 갖춘 사람을 의미한다.

이 정체성은

시대가 변해도 달라지지 않는다.

영성과 도덕성과 지성은

목회자에게 강조될 수밖에 없는 핵심가치다.

그때나 지금이나 변함없이 강조된다.

이제 목회자라면

세 개의 방에 들어가야 한다.

기도굴에서 기도로 무장하고

공부방에서 지성을 키우고
심방을 통해 성도들에게 사랑을 전해야 한다.

이 세 개의 방이
목회자로서 정체성을 바로잡아 주는 방이다.
하나님의 귀한 말씀을 전하는 자들이
반드시 들어가야 할 방이다.

사명의 무게를 버거워하는
목회자들에게

구약의 선지자들의 삶을 묵상해 본다.

그들의 사역을 되짚어 본다.

결코 쉽지 않은 삶이었고

감당하기 어려운 사역이었다.

하나님의 말씀을 대언함으로 받는 핍박과 고통 그리고 죽음.

신앙적으로는 권위와 존경의 대상이었지만

그 삶의 실상은 처참해 보인다.

하나님이 말씀하신 그대로를 전달하는 입장에서

고통과 죽음을 받아들여야 하는

참으로 기구한 운명의 삶을 타고난 자들이 아닌가.

심지어 선지자의 고통을 받으면서도

현실에서의 보상을 기대하지 않았다.

사람들은 상식적으로 일과 직책이 주어지면
그에 합당한 현실적인 대가가 주어지리라 생각한다.
힘이 들고 고통이 수반되는 일에는
더 큰 보상이 주어져야 한다고 생각한다.

그러나 선지자들에게는 그런 것이 없었다.
보상은커녕,
죽어도 문제요, 살아도 문제가 되는 존재였다.
그 어떤 보상도 받지 못한 채 죽음에 내몰린 자였다.

오늘날 목회자는 어떠할까?
그들과 다를까?
시대가 변했으니 그런 부담에서 벗어났다고 할 수 있을까?

구약시대와 지금은 완전히 다른 세계라고 반문할지 모르지만
사실상 동일하다.
동일해야 마땅하다.
시대가 변했지만 영적 지도자의 사명은 변함이 없기 때문이다.

오늘날의 말씀 맡은 자 역시
구약의 선지자들과 마찬가지로

하나님의 말씀을 가감 없이 선포해야 한다.

지금의 목회자들 또한
고통과 갈등과 아픔이 주어지는 자리에 서 있다.
그것이 참된 지도자의 자리다.

만약 목회자가 생명을 건 채 하나님의 뜻만을 증거한다면
맡고 있는 양들은 산다.
하지만 모든 양들이 처음부터 그런 메시지를 반길 리 없다.

양떼들의 속성상,
지도자를 방해할 수밖에 없다.
겉으로는 복음을 받아들이고 십자가를 말하는 듯하지만,
자기 생존을 꾀하는 것이 양떼들의 현실이다.
그들은 잘 따라가다가도
어느 순간 자기 길로 빠져버리는 것에 익숙하다.
그런 이들에게 하늘의 생명을 선포한다는 것은
더욱 무거운 짐으로 다가올 수밖에 없다.
그만큼 목회자들은 지친다.
구약시대의 선지자들이 그랬던 것처럼.

하지만 이것은 기회이기도 하다.

바로 이러한 현실들이

목회자로 하여금 설교에 대한 헛된 기대와 착각을 버리게 만든다.

교인을 만족시키겠다는 기대,

교인에게 감동을 주겠다는 기대,

교회를 위해 헌금을 많이 할 것이라는 기대,

자신을 잘 따라줄 것이라는 기대 등을

철저히 내려놓게 만든다.

기대를 내려놓는 만큼 힘들 수 있다.

그러나 그럴 때마다 구약의 선지자를 떠올리자.

말씀 맡은 자로서

말씀 그 자체만을 생각했던 선지자들.

저주받은 운명처럼 살았던 그들,

자기 영화를 누릴 수 없는 존재로 살았던 그들,

죽음을 무릅쓰고 그저 하나님이 지시하는 대로만 가야 했던 그들,

선포하는 일에 목숨을 걸었던 그들.

그들처럼 처음부터 헛된 기대를 부수고 꺾어 버려야 한다.

물론 일부 양떼들에 대한 실망과 회의는 지속될 수 있다.

양떼들은 목자의 기대를 짓밟으면서
여전히 세상의 방식대로 살아갈 수 있다.
그때마다 목회자는 복음을 전하는 것에 회의를 느끼기도 하고
고민에 빠지기도 할 것이다.

그러나 그만큼 더 내려놓자.
내려놓고 포기하는 만큼
하나님과 더 가까워지기 시작한다.
자신의 위상을 드러나는 것을 두려워하는 만큼
하나님은 그를 참 목자로 세우신다.

목회라는 정치현장에 있는 리더들에게

정치의 본질은 목회의 본질과 다르지 않다.
목회와 정치는 모두 사람을 다루는 일이기 때문이다.

목회현장에서 이루어지는 정치는 결코 쉬운 일이 아니다.
어렵고 막막한 길이다.
목회라는 정치가 그저 좋아서 나서는 사람은
아직 정치의 본질과 깊이를 경험하지 못한 것이다.

그 누구도 쉽고 좋아서 목회를 하는 것이 아니다.
내가 선택해서 할 수 있는 일이 아니라
하나님께서 부르시고 맡기셨기 때문에 하는 것이다.
예수님처럼 하나님의 뜻에 순종하기 위해 하는 것이다.

"내가 하늘에서 내려온 것은 내 뜻을 행하려 함이 아니요
나를 보내신 이의 뜻을 행하려 함이니라"(요 6:38)

곧 목회현장에서의 정치는
철저히 하나님의 뜻에 입각해야 한다.
무엇을 하든 하나님이 기뻐하시는 일이 되어야 한다.

더 나아가 그 길은 십자가의 길이다.
목회라는 정치현장은
고통을 피하고 싶다고 해서 피할 수 있는 자리가 아니다.
십자가를 지는 마음으로
묵묵히 하나님의 뜻을 실현하는 자리다.

그렇다면 그 현장에서 실현해야 할 하나님의 뜻은 무엇인가?
'살리는 것'이다.

리더라면
사람을 살리는 길을 선택해야 한다.
언제나 어디서든지 사람을 도와주고 살려내야 한다.
목회적 정치는 사람을 살리는 것이지 죽이는 것이 아니다.

어설픈 정치적 야망은 사람을 죽이지만,
목회적 관점에 서 있는 정치는 언제나 사람을 살린다.

평가에 부담을 갖는
목회자들에게

———

목회에 노하우가 있을까?

있을 수는 있지만

정형화할 수는 없다.

각자가 목회하는 방향이 다 다르기 때문이다.

어떤 목회자는 행정을 통해 목회를 성공적으로 수행하고

어떤 목회자는 심방을 통해 목회를 성공적으로 수행한다.

어떤 목회자는 인격을 통해 목회를 성공적으로 수행하고

어떤 목회자는 설교를 통해 목회를 성공적으로 수행한다.

결국 어느 하나를 놓고

목회의 노하우라고 말할 수 없다.

무엇보다 사람에게는 목회를 평가할 자격이 없다.

그것에 대해 말할 수 있는 분은 하나님 한 분이시다.

그렇다면 하나님은 어떻게 평가하실까?

하나님은 보이는 현실만 가지고 평가하지 않으신다.

몇 명만 데리고 목회하는 목사는 실패자고,

몇 만 명을 데리고 목회하는 목사는 성공했다고 하지 않으신다.

목회에 대한 사람들의 평가는 더 이상 의미가 없다.

우리가 할 일은 사람들로부터 목회에 대한 좋은 평가를 받는 것이 아니다.

나에게 맡기신 양 무리를 최선을 다해 세워 나가는 것이다.

> "그 주인이 이르되 잘하였도다 착하고 충성된 종아
>
> 네가 적은 일에 충성하였으매
>
> 내가 많은 것을 네게 맡기리니
>
> 네 주인의 즐거움에 참여할지어다"
>
> (마 25:23)

성결의 삶을 살아야 할
목회자들에게

목회를 하다 보면
상승곡선을 타는 듯한 상황이 펼쳐진다.
실패와 탈진이 이어지는 순간도 나타난다.

이 두 상황에는 공통점이 있다.
이런 경우든
저런 경우든
그때마다 하나님의 긍휼과 사랑이 임한다는 사실이다.

목회는 자기 힘으로 되는 것이 아니다.
하나님의 은혜로 이루어지는 것이다.

결국 목회자가 해야 할 것은
그 은혜를 받을 정결한 그릇으로 준비되는 것뿐이다.
곧 성결의 삶이다.

성결해서 날마다 경건의 모습을 갖추면

하나님의 은혜가 임하고

하나님의 능력이 차고 넘친다.

이런 성결과 경건의 삶은

마귀가 가장 두려워하는 것이기도 하다.

무엇보다 교인들은 목사의 성결한 삶을 통해 하나님을 본다.

가장 우선적으로 구할 것이 무엇인지를 분별하자.

성결, 그것에 우선순위를 두자.

목사의 성결한 삶이

하나님의 능력을 덧입게 한다.

삶으로 하나님을 증거하게 한다.

시대를 분별해야 할
목회자들에게

———

하루가 멀다 하고 세상이 바뀌고 있다.
세계 패권이 유럽에서 미국으로,
미국에서 다시 중국으로 간다고 한다.
언제 또 뒤바뀔지 모른다.

역사적인 사건을 바라볼 때마다
목회자는 하나님께서 우리에게 주시는 메시지를 깨달아야 한다.
그 관점으로 시대를 볼 수 있어야 한다.
시대를 분별하고 간파하는 지도자들이 되어야 한다.

그것이 목회자의 역할이고
교회의 의무다.

교회에는
시대를 알려주고,
성도들을 깨우치고,

살아가는 방향을 전할 의무가 있다.

교회가 이런 역할을 감당하지 못한다면
성도들의 눈과 귀는 어두워진다.

이를 위해
지도자들은 배워야 하고
시대를 알도록 영적으로 깨어 있어야 한다.
이 모든 가운데서
하나님의 음성을 들을 수 있어야 한다.
그리고 그 깨달음이
이 시대를 향한 메시지로 전달되어져야 한다.

안타깝게도 요즘 번영신학이 한국 교회 강단을 휩쓴다.
번영신학은 물질적인 신학이다.
잘 먹고 잘사는 것을 강조한다.
얼핏 좋아 보인다.
그러나 결국은 교인들을 물질주의로 흘러가게 만들 만큼
극도로 위험한 것이다.

이 번영신학 앞에서

목회자들은 무엇을 하고 있는가?
영적으로 바로 분별하고
성도들을 바로 깨우쳐 주어야 하는데
정작 본인이 번영신학에 휩쓸려 가진 않는가?

영적인 눈을 갖자.
하나님을 향해 귀를 열자.
그 어떤 사건 앞에서도
번영신학의 위협 앞에서도
목회자가 분별력을 가지고
분명한 영적 잣대를 제공하자.
그것이 목자의 역할이다.

양을 바로 인도하는 것,
그것을 위해 목자, 곧 목회자가 존재한다.

교회의 성장을 꿈꾸는
목회자들에게

하나님의 마음을 움직이지 못하는 사람은
결코 세상을 움직일 수 없다.

교회가 '위로부터의 능력'을 얻지 못하면
어떤 힘을 발휘한다는 것 자체가 불가능해진다.
발휘한다고 해도 무익할 뿐이다.

세상은 사회적 필요를 요구하지만,
교회는 언제나 삶의 목적을 심어 주어야 한다.
세상은 현재의 시각에 머무는 경향이 강하지만,
교회는 앞을 내다보는 미래의 비전을 제시해 주어야 한다.

그러한 목적과 비전에 대한 능력은
절대적으로 '위로부터' 임한다.

많은 목회자들이 교회성장을 위해

수많은 방법들을 찾아 나서지만
방법은 사실 하나다.
스가랴 4장 6절의 말씀처럼
"힘으로 되지 않고 능력으로도 되지 않고
오직 여호와의 힘으로 된다."

교회는 목회자가 위로부터 오는 능력을 의지한 채
무릎을 꿇는 만큼 성장한다.

교단을 이끄는
리더들에게

———

교단정치의 부패지수가 위험 수위에 다다랐다.

교단이란 본래
더 섬기기 위해 마련된 집단이다.
지교회를 섬기기 위해 구성된 집단이
바로 교단이다.

그런 교단이,
하나님 나라를 세우기 위해 존재하는 교단이,
세속적 권력 다툼에 시달린다.
금전과 향응이 난무하는 공간으로 변해 버렸다.
주님이 원하시는 부르심의 본질에서 벗어나
궤도를 이탈한 목회자들이 너무도 많다.

마치 중세의 역사를 들여다보는 듯하다.
알렉산더 6세는 교황에 선출되기 위해

막대한 양의 돈을 뿌려 추기경들의 표를 샀다.

교황이 된 후에는 그 돈을 회수하기 위하여

성직매매에 몰두했다.

본연의 임무를 완전히 저버렸다.

목회직 의식에 있어

교황청의 세금수납은 더 노골적으로 수행되었고

누가 지적하기라도 하면

'목자적 유보'(reservatio pectorals)를 내세웠다.

"진실을 말할 의무는 하나님에게만 있을 뿐

입으로는 '모르겠다'라고 대답해도 무방하다."

그들은 평신도들에 비해서도 윤리적인 삶을 살지 못했다.

하나님을 영화롭게 하기보다

자신의 야심과 목표만을 생각했다.

오로지 자신의 영광에 집착했다.

이런 중세교회의 부패상은 이미 널리 알려진 바다.

역사적 타락상이란 수정되지 않는 한

언제든지 그대로 되풀이될 수 있는데,

지금의 교단정치가 그렇다.

역사가 아무리 500년 이상 흘러가고 있어도
정신과 본질이 바뀌지 않으면
역사는 언제나 그대로일 뿐임을
현 교단정치가 정확히 잘 보여 주고 있다.

교단도 목회의 현장이다.
교회를 바르게 세우는 것만큼
교단을 바르게 세우는 것도 중요하다.
그것 또한 목회다.

교단도 교회와 동일하게
예수 그리스도의 다스림을 선포하고
하나님 나라의 희망을 선포해야 한다.
사람을 바르게 세움으로써
하나님 나라의 확장을 위해 교단이 존재해야 한다.

지역 복음화의 비전을 품다
- 삼양교회의 거리예배

삼양교회는 거리예배로도 지역사회 내에서 유명하다. 거리예배는 전통적인 불교 · 유교의 토양을 복음의 결실을 맺을 수 있는 기독교의 토양으로 갈아엎기 위한 가장 근원적인 복음화전략이다.

물론 거리예배를 통해 삼양교회만이 그 열매를 맛보려고 하지 않는다. 어느 교회를 가든 복음화만 이룰 수 있다면 되는 것이었다.

처음 이 사역을 시작할 때, 마태복음에 나타난 씨뿌리는 비유를 떠올렸다. 좋은 땅에 씨를 뿌리면 좋은 결실을 많이 거두듯이 거리예배를 통해 기독교에 대한 인식이 변화되고 토양의 질을 바꾸면 변화가 있을 것이라 믿었다. 곧 양산 전체 교회가 그 복음의 열매를 가져가는 결과를 낳는 것이 거리예배의 목적이었다.

매월 첫째 주일 오후 3시에 드리는 거리예배는 양산을 전체 8개 지역으로 나누고 20명씩 파송해 지정된 야외장소에서 예배를 드린다. 찬양과 무언의 기도로 양산 땅이 복음의 땅이 될 것을 기대하며 준비한 전단지와 선물을 전달한다. 거리예배 후에는 다시 교회로 모여 주일 오후예배를 거룩한 도시 양산을 위한 기도의 예배로 드린다.

부록

축사

나의 친구요, 면류관이요 자랑입니다

정연철 목사님은 나의 친구요, 나의 면류관이요, 자랑입니다. 지난 39년 동안 삼양교회를 개척하시고, 섬기시고, 또 많은 성도들에게 사랑과 존경을 받으면서 목회 사역을 마치게 된 것을 축하드립니다. 그리고 보수적인 신앙과 개혁주의 신학 터전 위에 흔들림 없이 하나님의 사역을 잘 마치게 된 것을 축하드립니다.

목사님은 기도의 사람입니다. 기도원에서 깊은 말씀의 묵상과 기도를 통해서 준비한 메시지가 모든 성도들에게 성령의 충만한 은혜를 받는 그런 말씀이 된 것을 축하드립니다. 겸손하시고 진실하시고 헌신적인 섬김으로 성도들을 잘 양육하신 것을 축하드립니다.

이제 은퇴하시면서 한 교회를 섬기는 것이 아니고 전 세계를 교구로 삼아 복음의 증인이 되시기를 바랍니다. 사도 바울처럼 "선한 싸움을 싸우고 달려갈 길을 가고 믿음을 지켜서 의의 면류관"을 받으시기를 기도합니다. 항상 말씀 없이 조용히 내조하신 사모님과 함께 건강하시고 행복한 시간들이 되시기를 바랍니다. 모든 영광을 하나님께 돌립니다. 당회와 온 성도님들께 감사드립니다.

목사님의 그 눈물의 기도와 말씀의 씨앗이 꽃이 피고 열매를 맺어서 큰 교회를 이루며 많은 사람들을 구원하는 구원의 방주가 되기를 축복합니다. 지금까지 인도하신 하나님께서 남은 때도 우리 목사님과 사역에 함께하시기를 기도합니다. 다시 한번 목사님의 은퇴를 진심으로 축하드립니다. 감사합니다.

미국 필라델피아 영생장로교회 원로목사 **이용걸** 목사

남은 사역에 더 큰 열매를 바라보며

존경하는 정연철 목사님이 39년의 목회 사역을 마치시고 원로목사님으로 추대되심을 진심으로 축하드립니다.

아무쪼록 우리 목사님! 원로목사님으로 추대된 이후에도 그동안 해오셨던 여러 가지 사역을 건강하게 잘 감당하시고 함께 사역을 해오신 유인자 사모님도 늘 건강하시고 목사님과 함께 남은 사역을 잘 감당하시기를 기도하겠습니다. 감사합니다.

총신대학교 **이재서** 총장

목회 완주 눈부십니다

정연철 목사님 성역 45주년, 그리고 삼양교회 섬김 39년은 아름다운 열매로 눈부십니다.

첫째, 시작과 마침이 한 빛깔입니다.

교육을 통한 제자 삼기, 말씀을 통한 영혼 구원, 치유를 통한 행복, 지역사회 사랑실천, 다음세대 비전 등 치우침이 없는 균형 목회로 '부르신 곳에서' 처음 사랑을 보여주신 장기목회를 축하드립니다.

둘째, 개혁신학의 정도목회입니다.

다원화된 사조 속에서도 개혁신학의 복음주의 바른 목회의 모델을 보여주셨습니다. 복음의 빛을 안고 사회로, 그리고 세계로 도전한 선교목회의 완주를 축하드립니다.

셋째, 다음 세대에 꿈을 주셨습니다.

한빛국제학교를 비롯하여 국내외 다음 세대에 미래를 여는 지혜를 심었습니다. 물을 주었습니다. 여호수아와 갈렙의 세대를 위한 비전의 목회자 정연철 목사님 원로추대를 축하드립니다.

<월간목회> 대표 **박종구** 목사

일생을 개선장군의 모습으로

　39년의 사역과 목회를 마무리하시고 삼양교회를 퇴임하시는 정연철 목사님은 나의 좋은 고향 벗입니다. 지난날 정 목사님이 해외로 나가실 일이 있을 때면 여러 번 초청을 받아 삼양교회에서 설교하는 소중한 기회를 가졌습니다. 처음 설교하러 갈 때는 교회 주변에 주택지가 많지 않았는데 어떻게 이처럼 큰 교회가 될 수 있었는지 한동안 의문을 가지기도 했습니다. 하지만 목사님과 같이 대화를 나누거나 직접 쓴 저서들을 보면서 하나님께서 함께하신 헌신적인 사역자이자 성령의 능력으로 사역하신 결과이었음을 알 수 있었습니다.

　정연철 목사님은 평생 하나님께서 함께하셔서 성공적인 목회 사역을 마무리하시는 개선장군과 같습니다. 이제 사모님과 함께 쉬는 시간도 가지면서 건강한 삶을 사시기를 소망합니다. 섬기셨던 삼양교회도 계속하여 주님의 귀한 일을 더욱 많이 하는 교회로 우뚝 세워져 나가기를 바랍니다.

(전)고신대학 부총장 **이복수** 교수

너무도 훌륭한 말씀과 기도의 모델

목회자라면 누구나 말씀과 기도를 중요하게 생각합니다. 그러나 정연철 목사님은 말씀과 기도를 생명처럼 여기시고 온몸으로 실천하신 너무도 모범적인 목회자이십니다.

정 목사님의 목회현장, 대화, 삶의 실천은 남달랐습니다. 자신보다 교회, 자신보다 남을 더 소중하게 여기셨습니다. 교단이 어려움에 처할 때 앞장서서 해결하셨습니다.

다음 세대를 키워내는 일에도 목사님처럼 깊은 관심을 갖고 실천하신 분도 드물 것입니다. 우리 교단의 건강한 성장과 발전 그 이면에 많은 목회자들의 헌신과 희생과 섬김이 있었지만, 그중에서도 정 목사님은 특별하셨습니다. 자신의 자녀가 없으셨지만, 너무도 많은 자녀를 양육하셨고 그들을 훌륭하게 키워내셨습니다.

신학교 교수의 한 사람으로 정 목사님이 인도하신 개강수련회는 여러 해가 지났는데도 마음에 깊이 남아 있습니다. 그만큼 은혜가 강했고 깊은 감동을 주었기 때문입니다. 자신이 받은 깊은 은혜 체험을 진솔하게 나누며, 오늘날에도 하나님을 의지하면 목회의 많은 결실을 맺을 수 있는 용기를 신학생들에게 도전해 주셨습니다. 목사님이 뿌리신 사역이 훗날 더욱더 놀라운 결실로 이어질 것이라고 생각합니다.

목사님의 후반전이 더욱 복되시길 소망합니다.

총신대학교 신학대학원 역사신학 **박용규** 교수

두루 갖춘 영성과 지성으로 섬겨온 한국 교회

양산 삼양교회를 담임해 온 정연철 목사님은 1976년 하나님의 소명을 받으신 이후 45년 동안 초지일관, 처음 열정 그대로 헌신하며 섬겨 오신 하나님의 귀한 사명자입니다. 1981년 11월말 경남 양산시 회현동에서 12명의 성도가 드린 예배로 삼양교회를 시작하여 매년 지속적으로 부흥 성장할 수 있도록 혼신의 힘을 다한 결과 국내 2개 교회와 해외 2개 교회를 개척 설립하였고 국내 30개 교회와 필리핀, 인도네시아와 태국, 아프리카 코트디부아르, 일본 및 아시아 C국 등 11개 선교지를 섬김과 동시에 10개의 국내 선교 및 사역기관들을 지원해 오신 보기 드문 열정의 목회자로 한국 교회는 기억합니다.

또한 교회갱신협의회 상임회장, 울산노회 증경노회장, 전국 영남교직자협의회 지도위원, 〈기독신문〉 이사장으로 교단의 중직을 맡아 대내외적으로 예장합동총회의 위상을 높이는 데 큰 몫을 감당하여 왔습니다. 뿐만 아니라 목회학, 신학, 교육학을 두루 공부하신 것을 바탕으로 한빛국제학교를 설립하여 다음 세대 글로벌 인재를 양성하시면서 이 땅의 주일학교 아이들을 섬기시려고 한국 교회교육복지실천학회 산하 한국기독교교육보육시설연합회 회장으로 지원하였습니다.

한국 교회의 거목이신 목사님께서 일선에서 은퇴하신다니 너무 아쉽습니다. 그러나 담임사역 외에 한국 교회와 예수님의 귀한 제자들을 양육하고 세우는 섬김은 계속할 것이기에 아쉬운 마음을 달래봅니다. 목사님, 정말 수고 많이 하셨습니다.

총신대학교 대학부총장 **손병덕** 목사

양떼들의 영혼을 지극히 사랑한 목자

먼저 정연철 목사님의 성공적인 목회 사역으로 원로목사 추대됨을 진심으로 축하드립니다. 그 긴 세월 동안 힘든 일도 많았지만, 오직 하나님만 바라보고 기도하며 수많은 문제들을 해결하고 목회의 열매도 많이 남기고 영광스러운 은퇴식을 가졌으니 농도

짙은 축하를 드립니다.

제가 정 목사님을 생각하게 되면 제일 먼저 떠오르는 것은, 하나님 앞에서 확실한 소명으로 겸손한 마음으로 맡은 일에 최선을 다하는 모습입니다. 수많은 교인들 한 사람 한 사람에게 깊은 관심을 가지고 목양하며, 동료 목회자들과 아름다운 사랑의 관계를 지니고 노회와 총회 일에도 관여하여 교단이 바른길로 가도록 애쓰는 모습은 매우 균형 잡힌 현대 목회자들의 모범이 되고 있습니다.

정 목사님을 처음 만난 1978년, 그 당시 총신신대원 1학년이던 정 목사님과 저는 후암제일교회에서 교육전도사로 일했습니다. 당시 정전도사님은 시골 오지 교회로 파송을 받아, 기도와 말씀으로 미신에 빠진 그곳 사람들에게 살아 계신 하나님의 능력을 보여주며 승리한 경험이 있었는데, 그 초심으로 일생 동안 목회에 전념하셨습니다. 사람의 눈을 바라보지 않고 오직 하나님만 바라보고 의지하며 일생을 일관성 있게 사역하신 것을 생각할 때 고개가 저절로 숙여집니다.

이제 원로목사로 추대되어 계속 후학들을 양성하며 그동안 못 다 한 일들을 수행하고 멋진 제2의 길을 걸어가시기를 소망합니다. 정목사님 내외분께 하나님의 손길이 함께하시길 기원합니다.

전 백석대 조직신학 **권호덕** 교수

주님 닮는 리더십

평소에 존경하고 좋아하는 목사님! 먼저 영예롭게 원로목사로 추대 받게 되심을 진심으로 기뻐하고, 축하드리며, 응원의 박수를 보냅니다.

정연철 목사님 하면 저에겐 몇 가지 떠오르는 이미지가 있습니다. 2009년 해외 파견교수를 다녀온 후 목사님을 처음 만나 지금까지 교제, 협력하면서, 만날 때마다 아이같이 환하고 밝게 웃으시며 사람들을 반기시는 모습이 눈에 선명합니다. 때묻지 않는 아이 같은 웃음에 배어 나오는 온유함, 겸손함, 정직함, 다정다감하신 성품은 목사님이 하나님을 만난 사건들을 통해 체득된 주님 닮은 모습입니다.

목사님을 통해 하나님 나라를 위해선 때론 사랑이 공의로 작동하는 모습 속에서 엄격함과 강직함을 겸비하신 주님 닮은 리더십도 그 실재를 느꼈으며, 목사님의 여러 저서들을 읽으면서도 그러함을 느꼈습니다. 주님도 제자들에게 한없는 사랑으로 다가갔지만 잘못된 것에 대해서 매우 엄격하셨던 모습이 떠오릅니다.

사실 저는 정 목사님께 부끄러운 고백을 할 수밖에 없습니다. 다른 많은 국내외 목사님들을 만나서 밥을 내가 사야지 마음이 편했는데, 정 목사님은 제가 밥을 살 기회를 많이 주시지 않았습니다. 목사님께 밥을 많이 얻어먹어서 죄송합니다. 퇴임 후는 제가 사 드릴게요. 이젠 그만 사세요. 제가 한국에서 정 목사님으로부터 밥을 제일 많이 얻어먹었습니다. 사실 저는 목사님들로부터 밥을 얻어먹은 적이 별로 없습니다.

정 목사님이 영예롭고, 축복되며, 건강하게 기쁜 정년을 맞이하시게 된 것은 누구보다도 하나님의 은총 아래 지난 삶에 함께하여 오신 사모님, 그리고 영적인 많은 자녀들, 그리고 삼양교회가 있었기에 오늘의 영광이 있다고 생각합니다. 사모님과 삼양교회 위에 축하와 응원의 박수를 보냅니다.

그간 목사님은 우리 주님의 나라를 위해 평생 강단에서 열정적으로 아버지의 말씀이 살아 있음을 증언해 주셨습니다. 말씀 속에는 기름부으심으로 영성이 잠자는 영혼을 깨우시기에 충분하셨습니다. 그 충분한 증거가 바로 한국 교회의 두 기둥인 기도 중심, 말씀 중심 교회로 조화와 균형을 이루신 것입니다. 또한 지난 시대의 편향된 목회의 한계를 지성과 영성, 분별력을 두루 겸비하셔서 한국 교회의 목회 모델이 되셨습니다.

교회가 지역사회에 빛과 소금으로 복음이 전파되도록 그들과 함께하는 많은 봉사활동을 통해 지역주민들과 소통하는 공동체 목회를 하셨습니다.

뿐만 아니라 공교육의 한계를 너무 잘 아시고, 오늘날 교회학교가 공교육과 가정을 연결하며 영향력을 발휘하기 위해 시대를 이끌 한빛국제학교를 설립하여 크리스천 리더들을 양성하였습니다. 이런 점에서 한빛국제학교 학생들은 참으로 복을 많이 받았으며, 아울러 학생들의 앞날이 매우 기대됩니다.

지금까지 목사님은 말도 못할 목회의 어려움, 고난, 핍박에도 오래 인내하시며 십자가의 사랑을 실천하셨습니다. 주님께서도 정 목사님이 흘린 눈물이 여호와의 눈물인 줄 아실 것입니다. 그간 수고 많이 하셨습니다. 앞으로도 더욱 건강하셔서 퇴임 후에 전개될 새로운 삶 위에 하나님의 은총이 가득하시길 기원합니다.

부산교육대학교 **황홍섭** 교수

넓고 넓은 품으로 길 잃은 양떼를 품은 목자

주 안에서 사랑하고 존경하는 정연철 목사님의 앞날을 축복합니다.

고향 포항시 구룡포읍 장길리에서 신앙이 잉태되어 멀리 양산까지 가서서 그 지경을 넓히신 고향 오빠인 목사님을 뵐 때마다 따뜻한 고향을 느꼈습니다.

아직 청년 같으신데, 원로목사님으로 추대되신다니 많이 어색합니다. 하지만 길 잃어 헤매는 많은 양떼들을 더 넓고 따뜻하게 품어주시리라 믿고 기대합니다. 주님 오실 그날까지 늘 영육 간 강건하시고 평안하시길 기도합니다.

국민의힘 해운대구을 국회의원 **김미애**

내 양을 먹이고 내 양을 친 순종의 목자

정연철 목사님의 원로목사로 추대되심을 진심으로 축하드립니다. 목사님께서는 성역 45년 중 39년을 양산 삼양교회 개척부터 현재에 이르기까지 시무해 오셨습니다. 예수님께서 베드로 사도에게 명령하신 것처럼 "내 양을 먹이라, 내 양을 치라" 하신 명령에 순종해서 충성스럽게 이 길을 걸어오셨습니다. 이제 원로목사로서 나를 따르라고 말씀하신 예수님을 따라서 제자의 삶을 살고 새로운 사도행전의 역사를 쓰실 것을 기대합니다. 부족한 저도 목사님과 함께 그 길에 동참하도록 하겠습니다. 목사님 존경합니다!

목사님 사랑합니다!

바이오스타코리아 **라정찬** 회장

또 다른 믿음의 전성기를 기대하며

지난 39년간 한결같이 뜨거운 '목자의 심정'으로 사역해 오신 정연철 목사님의 수고와 헌신을 받으셔서 삼양교회를 통해 수많은 사람들이 구원받는 역사가 일어나게 하신 하나님께 큰 감사와 영광을 올려 드립니다.

하나님 나라를 위해 귀한 소명자로서 진액을 쏟으신 정연철 목사님의 아름다운 마무리를 축하드리고, 더 넓은 사역의 지경을 향한 '새로운 시작'을 더욱 축하드립니다.

정연철 목사님이 하나님의 은혜 가운데 섬겨온 삼양교회라는 뿌리 깊은 나무가 이제 더욱 풍성한 열매를 맺어 지역사회의 자랑이 되고, 한국 교회의 희망이 되어 주실 것을 믿고 또한 축하를 드립니다.

목사님과 함께 주님의 몸 된 삼양교회를 위해 지금까지 온 마음으로 '사랑의 수고'와 '헌신'을 다 하셨던 성도 여러분 한 분, 한 분이, 하나님의 집에 있는 '푸른 감람나무'처럼 늘 청청하시길 바라고, 오늘부터 믿음의 전성기가 쓰여지길 소원합니다.

39년 동안 목회 일념으로 사역하신 정연철 목사님 정말 수고 많으셨습니다. 앞으로 삼양교회의 원로목사님이실 뿐 아니라, 한국 교회의 원로목사님으로 한국 교회를 더욱 든든히 세우는 기둥 같은 역할을 하실 것을 기대합니다.

다시 한번, 정연철 목사님의 원로목사님 추대를 축하드립니다.

사랑의교회 담임목사 **오정현**

평화와 사랑, 새생명의 전파사명자

할렐루야!!

40여 년의 성역을 통하여 삼양교회의 이름으로 하나님께 감사로 예배하며 이제는 더 넓은 복음의 사명을 실천하기 위해 새롭게 출발하시는 정연철 목사님의 원로목사 추대를 진심으로 축하드립니다!

그동안의 성역을 바탕으로 전 세계가 긴장해 있는 이 시점에, 과감하게 용기를 갖고 새롭게 출발하는 평화와 사랑과 새생명의 전파사명자로서 생명회복에 더욱 전력을 다함으로 더 큰 사명을 펼쳐나가시는 제2의 바울 사도의 행로 되시기를 격려합니다.

그동안 저에게 정직과 진실과 의를 가르쳐 주신 형님 목사님의 교훈에 깊은 감사를 드리며 세계의 긴장을 다시 평화와 안정과 사랑으로 회복케 하는 프리랜서 사명자로서의 출발에 격려와 힘찬 축하의 박수를 보냅니다!!!

　감사합니다!!

뉴욕 다민족 빛과소금교회 담임목사 **정순원**

생명의 과목을 맺게 하시며

설렘과 두려움으로
가장 열악한 영적 황무지 양산
그 개척은 너무도 험하고 멀었습니다.

피 끓는 열정으로 가득하셨던 목사님과 사모님
그 열정 그 이름 하나 오직 예수 그리스도
그 시작은 얼마 전 같은데 벌써 은퇴라니
너무 감격스럽고 아쉽고 서운합니다.

복음만을 위해 걸어오신 발자취
지고한 숨결로만 이루어진 삶이셨습니다.

가슴 벅찬 십자가의 사랑! 그 무릎으로 삼양교회를
개척하셨고 부흥을 위해 혼신을 다 쏟으셨습니다.

그 달려오심이 양산에서 경남, 또 한국, 세계로
살아 역사하는 삼양교회를 이루셨습니다.

그동안 어두운 세상의 길 잃고 방황하는 수많은 영혼들,
좌절과 절망의 늪에서 생명의 과목으로 인도해 주셨습니다.

슬픔과 아픔, 고통, 온갖 몸부림의 끝자락에서
영원한 생명으로 인도하셨습니다.

오직 예수님의 손잡고 오늘의 영광스러운 은퇴를 맞이하셨습
니다.
목사님의 영혼 사랑의 뜨거운 열정은 그 누구도 막을 수 없었습
니다.
그러시기에 모든 사랑하는 성도님들의 존경과 총애를 받으면서
오셨습니다.

방황하던! 흔들리던! 연약한 영혼들이

은혜 받고 성령으로 뜨거워진 삼양교회를 이루셨습니다.

목사님은 힘들고 어려우실 때마다 항상 산 바위를 친구처럼 찾으셨습니다.
그러시면서 그 많고 많은 일들을 품에 안으시고
하나님이 주신 선물, 사랑이라 은혜라 행복이라 말씀하셨습니다.

수많은 영혼들의 메시지로, 영적 아버지가 되셨습니다.
"좋은 리더는 남들보다 열 걸음을 앞서가는 사람이고,
위대한 리더는 열 사람과 손잡고 함께 한걸음으로 나아가는 사람이다."라는 말이 있듯이
목사님도 그렇게 살아오셨습니다.

목사님은 남쪽 양산이라는 작은 곳에서의 사역하셨지만
한국 교계의 든든한 기둥, 거목이 되어 주셨습니다.

목사님은 교회와 성도들을 섬기시는 사역만으로도 너무 여념이 없으실 텐데 혼자만 달려가시지 않고 함께 손잡고 나아가시며 기뻐하셨습니다.

지역의 교회를 함께 섬기시고, 각 나라의 선교지를 섬기시며,
동역자 목사님들 챙기시는 일에도 마음을 깊이 내주셨습니다.

후배 목회자들을 챙기시는 한 말씀 한 말씀에,
목회 선배로 인생 선배로 귀한 가르치심을 주셨습니다.
목사님이 늘 조용하신 모습으로 오가시던 동산 감림산,
목양관의 작은 한 방 정해 두시고, 기도와 말씀, 묵상으로
전념하시던 모습, 영적으로 깊은 주님과의 교제

때로는 찬 바위에 무릎 꿇고 교회와 성도들을 위한 애절한 절규
를 그토록 쏟으시며 부르짖어 기도하시던 모습
한국 교계와 조국과 민족을 위해 눈물로 통곡하시던 그 기도의
모습!

그리고 감림산기도원의 그 많고 많은 어려움과 힘들 때마다 곁
에서 큰 힘과 위로 용기를 주셨던 일들
울 때 함께 울어 주시고 기쁠 때 함께 기뻐해 주시던 그 고마운
은혜를 잊지 않겠습니다.

곁에서 함께 지켜보던 저희는 목사님의 살아오신 오늘까지의

흔적을 정녕 잊을 수 없습니다.

이제부터 새롭게 시작되는 또 다른 사역을 기대하며 깊은 축하를 드립니다.

담쟁이

저것은 벽
어쩔 수 없는 벽이라고 우리가 느낄 때
담쟁이는 말없이 그 벽을 오른다.

물 한 방울 없고 씨앗 한 톨 살아남을 수 없는
저것은 절망의 벽이라고 말할 때
담쟁이는 서두르지 않고 앞으로 나아간다.

한 뼘이라도 꼭 여럿이 함께 손을 잡고 올라간다.
푸르게 절망을 다 덮을 때까지
바로 그 절망을 잡고 놓지 않는다.

저것은 넘을 수 없는 벽이라고 고개를 떨굴 때

담쟁이 잎 하나는 담쟁이 잎 수천 개를 이끌고
결국 그 벽을 넘는다.

감림산기도원 **이옥란** 원장

새로운 40년을 기대하며

한국 교회 존경받는 지도자이신 정연철 목사님께서 주님과 동행하는 성역 45주년을 맞아 원로목사님으로 추대되심을 축하하고 축복합니다.

하나님께서 귀하게 들어 쓰시는 정연철 목사님이 개척하신 양산 삼양교회는 목사님의 땀과 눈물, 기도와 말씀, 청춘과 인생을 건, 꿈과 비전이 모두 담긴 결정체이자, 자랑이고 면류관입니다.

깊은 기도의 영성, 감동 있는 말씀 선포, 섬김으로 소통하는 리더십으로 영남지역을 넘어 한국 교회가 주목하는 건강한 교회의 모델교회가 되어 왔습니다.

또한 정연철 목사님은 한국교회건강연구원의 이사장님으로 오래도록 한국 교회를 건강하게 만드는 일에 헌신해 오셨습니다.

그래서 아쉽고 한편으로 또 다른 기대를 갖습니다. 이제 새로운 시작입니다. 지금까지의 40년보다 새로운 40여 년을 더 기대합니다. 이전과는 다른, 이전보다 폭넓은 사역, 기대하고 응원합니다.

정연철 목사님! 늘 강건하셔서 목사님께서 소원하시던 다음 세대 인재를 양성하는 국제학교를 통해 글로벌 인재를 배출하는 일을 더 발전시키리라 기대합니다.

사랑하는 성도 여러분! "목사님! 힘내세요! 우리가 있잖아요!" 그런 교회, 그런 성도가 되셨으면 합니다.

정연철 목사님! 존경하고 사랑합니다.

한국교회건강연구원 **이효상** 원장

진실한 삶과 복음의 지혜, 인자한 사랑이 있는 목자

정연철 목사님을 〈기독신문〉 이사장으로 2년 동안 모시면서, 신앙과 삶이 일치한다는 것이 무엇인지, 또 고매한 인격이 어떤 것인지 많이 배울 수 있었습니다.

언젠가 미국의 국민 화가 모지스 할머니 이야기를 나눴던 것이 기억납니다. 그 할머니는 75세에 그림 그리기를 시작해, 많은 사람들에게 꿈과 희망을 줬습니다. 이사장님의 진실한 삶과 복음의 지혜, 인자한 사랑은 어린 인재들에게 꿈과 희망이 될 것입니다. 좋은 씨앗이 좋은 열매를 맺는 것처럼, 이사장님의 가르침은 이 땅에 아름답고 풍성한 결실을 가져올 것입니다.

더불어 존경받는 큰 인물을 배출하신 삼양교회 성도님들께도 감사와 축하 인사를 드립니다. 주 안에서 사랑합니다. 감사합니다.

<기독신문>사 총무국장 **조재원** 장로

예수의 흔적을 가진 목자

이 후로는 누구든지 나를 괴롭게 하지 말라
내가 내 몸에 예수의 흔적을 지니고 있노라(갈 6:17)

성역 45년을 마무리하시고 은퇴하시는 목사님, 그동안 참 수고하셨습니다.

열심히 목회의 길을 걸어오심에 존경의 표현을 드립니다.

은퇴 후 강단은 후임 목사님께 위임하시지만, 예수의 흔적을 가진 목사님께서는 이제 원로목사님으로 후일 주님 앞에 설 때까지는 은퇴가 아니라 목회 후반전에 주님께서 더 귀한 사역을 맡기셨으리라 생각합니다.

지금까지 기도의 무릎으로 기도원을 쉴 새 없이 오르내리고 크고 작은 문제를 만날 때마다 항상 금식하면서 혼신의 힘과 목회사역을 다하셨던 목사님을 존경합니다. 은퇴 후에도 다음 세대를 위해 더 크게 쓰임 받으시길 바랍니다.

이제 몸을 돌아보시고 건강도 챙기시고 주님 안에 평안하시길 주님께 기도하겠습니다.

세계로선교교회 장기호 목사 배상

새로운 사역에 더 큰 축복으로

평소 사랑하고 존경하는 정연철 목사님! 정말 아름답고 귀한 원로목사님으로 추대 받으심을 우리 새로남교회 교우들과 또한 제자훈련 목회자 협의회 칼넷, 모든 동역자님들과 함께 축하의 말씀을 드립니다. 지금까지 한결같이 달려오신 우리 귀한 목사님! 노년에도 더 큰 축복으로 주님께서 함께하실 줄로 믿습니다. 축하드립니다!

새로남교회 오정호 담임목사

구속 사역의 결실을 맺으시며

사랑하는 정연철 목사님,

청년의 때에 주님의 부르심에 응하셔서, 힘과 열정을 아낌없이 쏟으시고, 어떤 희생이든 치르시며, 수많은 어려움을 극복함으로 주님의 충성된 종이자 선한 청지기로 성역 45년을 감당하신 목사님…! 진심으로 존경하고 축하합니다.

39년 전에 양산 삼양교회를 개척하시고 밤낮 눈물과 기도로 제단을 지키시며 영혼들을 돌보신 구속 사역에 귀한 결실을 허락해 주신 하나님께 감사하고, 목사님 정말 고생 많이 하셨습니다. 저 또한 목사님의 발자취를 따라서 하나님께서 저에게 맡겨 주신 사역 열심히 감당하겠습니다.

앞으로 원로목사님의 제2의 인생 가운데 지금까지 지켜 주신 주님께서 남은 사역 끝까지 잘 마무리하실 수 있도록 함께하여 주시기를 간절히 소원하며 기대합니다.

부디 목사님! 건강하시고 사모님 또한 건강하시기를 멀리서 기도합니다.

US Army 1-91st BEB Chaplain **이창윤** 목사 올림

오직 너 하나님의 사람아!

믿음의 절정은,
'죽으면 죽으리이다.'
'잃으면 잃으리이다.'
'망하면 망하리이다.'를 하나님 앞에 내어놓고 사는 사람이다.

불신 가정에서 태어나 절에 다녔던 평범한 청년으로 군복무 중 전도를 받아 금식기도 후 성령체험을 하고 불을 받으셨던 목사님.

오직 하나님께 붙들려 산속에 들어가 동굴에서 기도를 하며 세례 요한처럼 메뚜기와 석청을 먹으며 사셨던 목사님.

세상으로 나가는 길을 다 막으시고 오직 한길
살아 계신 하나님만을 위해 그 걸음을 인도해 주신 하나님

39년 전 황무지 같았던 양산에서 십자가를 세우시고 눈물의 기도, 무릎으로 개척예배를 드렸던 서른한 살의 정연철 목사님.
피 끓는 젊음을 오직 하나님께 바치기로 서원하며 눈물로 엎드렸던 그 세월을 예수님의 심장으로 한 영혼을 위해 "죽으면 죽으

리이다."라는 말씀에 생명을 걸고 달려오신 목사님.

성전건축이 중단되고 뼈대만 세워진 성전이 흉물스럽게 방치되어서 암흑 같은 시간이 끝도 없이 흘러갈 때에 온갖 비난의 화살을 다 받으시면서 머리를 빡빡 깎고 산속에 들어가 하나님께 목숨 건 기도를 드림으로, 하나님이 이때를 위해 준비하신 기적의 역사를 이끌어 내신 목사님. 마치 한 발짝도 물러설 수 없는 벼랑 끝에서 이미 하나님이 눈으로 다 보고 계신 것 같이 감격적으로 역사해 주신, 시퍼렇게 살아 계신 하나님을 다시 한 번 만날 수 있었던 가슴 떨리는 감격의 순간을 잊을 수 없으신 목사님.

정연철 목사님의 45년 목회의 길은 살아 계신 하나님 앞에
절대 믿음
절대 기도
절대 능력
절대 기적을 목회와 삶으로 보여 주신 롤모델이시다.
목회자의 모든 탁월함을 기도를 통해 하나님으로부터 전수받으신 깊은 영성으로 하나님이 맡겨 주신 거룩한 교회와 수많은 영혼들에게 예수님의 사랑과 헌신과 섬김과 기도를 목회와 삶으로 그대로 살아오신 목사님.

수십 년의 목회여정 속에서 하나님의 음성을 가슴으로 들으시며 영적으로 물 위를 걸어서 오늘 이 감격의 순간까지 거룩한 길을 걸어오신 정연철 목사님.

목사님이 지금까지 눈물로 심어 오신 이 땅의 수많은 생명의 씨앗들을 살아 계신 하나님은 천배 만배 그 이상까지 풍성한 열매를 영원토록 맺어 가실 살아 계신 하나님께 모든 영광을 올려 드립니다.

박순애 전도사 올림

행복을 디자인 하는 전도자

정연철 목사는 생명력이 강하다. 쉽게 말해 사람을 살리는 '힘'이 누구보다 세다. 목회자로서 기본인 영혼을 구원하는 데 물불을 가리지 않고 덤벼들기 때문에 영락없이 하나님의 사람이다. 그와 마주한 채 조곤조곤 대화를 나누다 보면 그렁그렁한 눈 속에 빨려 들지 않을 수가 없다. 말씀도, 기도도, 스펀지처럼 스며들어 새 힘이 난다. 지치거나 힘들 때 그를 만나면 손수건 만한 햇살 푸짐한 행복을 얻는 것은 물론 덤으로 좁쌀 만한 믿음도 함께 느낄 수가 있어 기쁘다. 그래서 나는 왕왕 그를 찾는다. 그는 '행복을 디자인하는 전도자'가 맞다. 곧 원로목사로 추대 받는 정연철 목사(삼양교회)를 두고 하는 얘기다.

20년 전이나 지금이나 그는 한결같다. 세상은 빠른 속도로 변하여 제4의 혁명을 말하고 있지만 그의 머릿속은 느릿해 보여도 온통 새생명을 찾는 일에 꽂혀 있다. 한 영혼을 살리는 데 그만큼 열정을 갖고 일하는 사람을 난 지금까지 보지를 못했다. 성도가 목회자를 원하면 양산에서 서울로, 양산에서 제주도로, 만사를 제쳐두고 한달음에 달려가는 사람이 그다. 자신의 곤비함은 뒤로하고, 기어서라도 찾아가 기도해 주는 이가 그다. 아마도 그는 차편이 어려우면 구름이라도 불러서 성도를 찾아가 심방할 것이다. 그래서 그를 만나는 사람마다 "우리 목사님, 우리 목사님" 하는지도 모른다.

그는 무릎으로 사는 열정의 기도자다. 고희를 넘긴 지도 꽤 되었는데 지금도 금요일 저녁만 되면 기도원을 찾는다. 쉬지 않고 기도하는 목회자가 그다. 금식을 밥 먹듯이 하고, 홑이불 하나로 강대상을 지키며 기도한다. 그는 속된 말로 밥은 굶을지언정 절대로 기도는 빼먹지 않는다. 그것도 40일 작정기도, 일천번제 기도 등 하나님과 생사를 건 기도로 단판승부를 요청한다. 그렇기 때문에 그의 한마디 한마디는 신앙고백이요, 간증이다.

그는 항해사다. 전에는 진짜 배를 운항하던 1등 항해사였는데 지금은 사람들에게 진리를 안내하는 특급 항해사다. 아니, 천국으로 가는 '천국행 항해사'다. 길을 잃고 표리부동하거나, 어디로 갈지 몰라 방황하는 자에게 그는 영락없이 길잡이를 한다. 그것도 잃어버린 진리를 찾아서 직접 동행하는 영혼의 안내자 역할을 수행하기 때문에 그는 참 목자가 맞다.

거기다 그는 사람을 낚는 어부다. 일꾼을 양성하여 미국으로, 인도로, 필리핀 등으로 보낼 작정을 하고 세계인을 키우고 있다. 그가 은퇴하고 여생을 마칠 때까지 준비하는 일이 바로 한빛국제학교다. 거기서 하나님의 사람을 양성하여 예수 그리스도의 증인 된 일꾼을 세계 도처에 보내는 것이 그의 꿈이다. 은퇴는 하지만 그는 아직도 꿈을 꾸며 인생을 보낸다. 우리는 곧 그가 직접 물을 주고 가꾼 열매를 볼 것이다.

이와 같은 하나님의 사람, 정연철 목사가 은퇴한다. 그의 앞길에 하나님의 가없는 은총이 함께하길 간절히 기도한다.

<기독신문> **강석근** 국장

모든 것이 하나님의 은혜입니다

목사님 안녕하세요.

아무나 설 수 없는 이 자리,

돌이켜보면 하나님의 은혜이지만,

만고풍상의 세월 속에서 오로지 주님만을 바라보며 영광스런 이 자리에 서기까지 수고 많이 하셨습니다. 그래서 더더욱 축하드립니다.

목사님!

'속절없이 흐르는 세월 앞에 장사 없다.' 하니 각별히 건강 잘 챙기시고 보다 가벼운 마음으로 편히 지냈으면 합니다.

수고하셨습니다. 사랑합니다.

이태리 베니스 한인교회 **전재홍** 목사

삶의 귀감

귀한 목사님의 원로 추대를 진심으로 축하드립니다. 지난 39년 동안 흘리셨던 땀과 눈물, 십자가의 삶은 귀한 교회를 세우셨고 성도들에게 축복이었습니다. 사랑하는 목사님을 볼 때마다 우리 후배들은 참 감사했습니다. 따뜻한 미소, 겸손, 온유하심이 우리들에게는 참 아름다웠습니다. 목사님 남은 시간 더욱더 행복하시고 하나님의 은혜와 사랑 가운데 더 풍성한 삶이 되시기를 소망합니다. 감사합니다.

안양석수교회 김찬곤 목사

양떼를 가슴에 품고

39년의 목회 여정에서 양떼를 가슴에 안고 흘렸던 눈물이 얼마나 많았을까요. 아득한 그 길 다 달리시고 아끼는 후배에게 배턴을 넘겨주시고 이제 원로목사님으로 추대된 것을 마음 다해 축하드립니다. 뒤에서 묵묵히 참고 인내하며 내조해 오신 사모님에게도 존경을 드립니다. 두 분이 남겨 두신 발자국을 사랑하며 존경하며 따라가겠습니다.

하남교회 방성일 목사

사랑의 빚진 자

정연철 목사님의 원로목사 추대를 진심으로 축하드립니다.

39년 전, 군 입대를 앞두고 삼양화학 회사에 입사하여 삼양교회에 다니면서 목사님을 처음 뵈었는데 벌써 지금에 이르렀습니다.

그때에 목사님의 웃음, 전도의 열정, 끊임없이 기도하시면서 주님과 동행하시는 모습이 눈에 선합니다. 지금까지 목사님으로부터 받은 은혜와 사랑은 절대 잊지 못할 것입니다. 15년 전, 인도네시아 선교를 시작한 때부터 지금까지 협력선교사로 후원해 주시고 담도암으로 강남성모병원에 입원했을 때 단숨에 KTX 타고 오셔서 기도해 주시고 특별헌금을 손에 쥐어 주시며 큰 위로와 격려를 해주셨던 그 감격을 잊지 못합니다.

딸 결혼식 때에도 코로나19로 기도원에서 기도하고 계셔서 참석하지 못하신다고 많이 미안해하시며 축의금을 보내 주셨던 목사님의 사랑과 삼양교회 당회와 성도님들께 정말 감사를 드립니다.

너무나 고맙고 좋으신 목사님의 이름으로 삼행시를 지으며 다시 한번 축하드립니다.

정 정열, 헌신, 도전과 담대한 믿음으로 아름답게 성역 45년 중 39년을 양산 삼양교회 개척으로 현재까지 주님과 함께 사역하신 정목사님!

　연 연속적으로 금식과 기도와 말씀과 성령충만으로 함께 주님이 보시기에 멋진 사역을 하시면서 아름다운 열매를 맺으신 정 목사님! 착하고 충성된 종이라고 주님이 칭찬하실 것입니다.

　철 철두철미하게 건강관리 하셔서 100세와 120세 시대에 원로목사로서 제2의 하나님의 사역을 주님이 원하시는 곳에서 주님이 원하시는 열매를 더 많이 맺으시고 사모님과 더 멋지고 행복한 삶이 되시길 기도합니다.

　형님 같은 정연철 목사님! 수고하시고 애쓰셨습니다. 고맙습니다. 감사합니다. 사랑합니다. 존경합니다. 축복합니다. 지금까지 함께하시고 앞으로도 정연철 목사님과 함께하실 우리 인생을 주관하시는 주님께 감사와 영광을 돌립니다.

인도네시아 김덕호, 이선순 선교사 올림

본이 되시려고

나는 선한 싸움을 싸우고 나의 달려갈 길을 마치고 믿음을 지켰으니 이제 후로는 나를 위하여 의의 면류관이 예비되었으므로 주 곧 의로우신 재판장이 그 날에 내게 주실 것이며 내게만 아니라 주의 나타나심을 사모하는 모든 자에게도니라 (딤후 4:7-8)

사랑하고 존경하는 정연철 목사님의 45년간의 목회 사역과, 양산 삼양교회에서 39년 동안 성공적인 사역을 마무리하시고 원로 목사 추대되심을 진심으로 축하드립니다.

그리고 목사님! 정말 노고가 많으셨습니다.

그동안 저를 비롯해서 많은 후배 목회자들과 성도들의 본으로 모델로 살아오셨는데 이제 새롭게 시작하는 은퇴 이후의 삶과 사역을 통하여 더 아름답고 멋진 모범과 모델이 되어 주시고 하나님을 더욱 기쁘시게 하는 목사님이 되시길 기도합니다.

목사님! 존경합니다. 사랑합니다. 축복합니다.

목사님이 가신 길, 잘 따라가는 후배가 되겠습니다.

울산대영교회 **조운** 목사 올림

삶의 길을 바꾸다

존경하고 사랑하는 정연철 목사님

목사님은 저에게 영적 멘토이시며, 스승이시며, 아버지와 같으신 분이십니다.

정 목사님! 이제 원로목사님으로 추대되심을 축하드립니다. 참으로 한결같이 달려오신 그 모습에 깊은 감명을 받습니다. 목사님 사랑합니다. 존경합니다.

저의 일생 가운데 목사님은 저의 삶의 길을 바꾸어 놓으신 분이십니다. 평신도에서 집사로 그리고 신학을 하고, 전도사로 임명해 주시고, 훈련을 잘 받게 해주시고, 이제는 목회자로 선교사로 이렇게 목사님의 뒤를 따라가고 있습니다. 잘 훈련 받은 덕분에 사력을 다해 사역하고 있습니다.

사랑하는 정연철 목사님!

늘 건강하시고 그동안 너무너무 고생 많으셨습니다. 이제는 조금 쉬시면서 저희가 있는 사이판도 쉼표로 다녀가시길 원합니다. 약 30년 전에 목사님을 처음 뵈었을 때가 정말 엊그제 같습니다.

새벽 차량을 운행하시던 목사님을 뵈면서 이제 우리 목사님은 말씀과 기도에만 전념하면 좋겠다고 생각해서 목사님 대신 제가 새벽 차량을 잡았던 기억이 납니다. 대형면허 시험을 보라고 학원

비까지 주시던 목사님! 신학생 때는 아무도 모르게 도서비도 챙겨 주시던 우리 목사님! 그러나 주님께 드리는 예배에 대해서는 호되게 훈련시키시던 우리 목사님!

기도원에 올라가 한밤중에 산에서 교인들의 이름을 부르며 기도하시던 목사님의 모습을 보고 평신도였던 저는 정말 많이 놀랐고 목회자의 본을 보았던 저는 목사님을 더욱 존경하게 되었습니다. 또 늘 함께 기도하시던 사모님도 기억에 생생합니다.

무릎으로 승부하시던 목사님과 사모님….

정 목사님과 사모님의 발등과 복숭아 뼈에 굳은살이 배인 모습을 지금도 생생히 기억합니다. 목사님 늘 건강하세요.

사이판 **안익현** 선교사 올림

삶의 기준

복음의 황무지인 양산에 오셔서 40년의 세월 동안 오직 하나님 한 분만 바라보며 삼양교회를 개척하시고 성도들을 사랑으로 양육하시고 보살펴 온 그 사랑에 마음 깊이 감사드립니다.

제 삶 가운데 가장 큰 영향력을 주신 목사님의 사랑과 기도에 감사를 드립니다.

선교사의 길을 가도록 소명을 깨닫게 해주시고 지성과 영성으로 균형을 이루며 사역하시는 모습은 저의 사역에 모델이 되었습니다.

위로 하나님을 사랑하고 옆으로 이웃을 사랑하는 것을 몸소 실천하시는 열정의 모습은 선교사의 소명을 감당하는 저에게는 항상 기준이 되었으며 그 열정의 모습을 사역 가운데 녹여 내고자 노력하고 있습니다.

목사님의 앞으로의 삶과 사역 가운데 하나님의 크신 은혜와 평강이 함께하시길 기도드립니다. 감사합니다.

베트남 **강기철, 최영숙** 선교사 드림

사랑의 잔소리

사랑하고 존경하는 정연철 목사님의 원로목사 추대를 마음 다해 축하드립니다.

항상 주님과 함께하시면서 영성과 지성을 겸비하신 목사님을 통하여 저희 신학생들의 롤모델이 되어 주신 모습은 저희에게 축복이었습니다. 원로목사님이 되시더라도 지속적으로 저희 학교와 신학생들에게 많은 관심과 가르침을 주시길 소원합니다.

지난 39년, 삼양교회를 개척하셔서 부흥시키시고, 어떤 여건 속에서도 항상 낮은 자세로 교회와 성도들, 그리고 많은 선교 사역지를 섬기시는 목사님 통하여 지금 세대에 대한 올바른 신학적 가르침을 재정립할 수 있는 기회가 될 수 있어서 저희 학교 모든 사람들을 대표하여 감사드립니다. 목사님의 영성과 지성은 이곳 미국에서도 많은 후배 목회자와 앞으로 하나님의 사역에 앞장설 많은 신학생에게 귀감이 되고 있습니다. 이 모든 것이 하나님의 축복임을 알고 있습니다. 그 축복이 항상 목사님께 함께하시길 소원합니다.

원로목사님이 되시는 것은 하나님의 사역에서 은퇴하시는 것이 아니라 하나님의 사역을 정리하고, 확고히 하실 수 있는 귀한 자리인 줄 압니다. 항상 뵐 때마다 안타까운 마음에 목사님께 건강 좀 챙기시라는 많은 잔소리를 드렸습니다. 이제는 저의 그 잔소리가 줄어들 수 있기를 바라며 목사님의 귀하신 사역을 이전보다 더 응원합니다.

사랑하고 존경하는 정연철 원로목사님!
다시 한번 귀하신 사역의 한 페이지를 아름답게 마무리하신 것을 축하드리며, 앞으로 펼쳐질 하나님의 또 다른 사역의 꿈에 항상 주님의 은혜와 축복, 그리고 공급하심과 보호하심이 영원토록 함께하시길 축원합니다.

미국 엘에이 부총장 **리처드 강** 올림

영적 아비

한 사람을 키워 내는 것은 참으로 오랜 시간과 인내가 필요한 일입니다. 이런 일을 시작하는 것도 감당해 내는 것만으로도 사람들로부터 존경과 찬사를 받아 마땅합니다. 이 귀한 사역을 오래전부터 해오시고 너무나도 훌륭하게 해내신 분이 정연철 목사님이십니다.

제가 필리핀 앙헬레스에서 베데스다병원을 운영할 수 있기까지 오랜 시간 정연철 목사님의 기도와 전폭적인 후원이 있었습니다. 중학생 때부터 삼양교회에서 신앙생활을 하기 시작하였고 교회에서 자고 먹고 자라서 고등학교 졸업할 때까지 늘 교회의 그늘에서 있었습니다. 고등학교 졸업 후 대학진료를 고민하던 저에게 정연철 목사님이 제안하셔서 필리핀으로 유학을 가게 되었습니다. 목사님이 보여 주신 한 아이를 향한 비전과 소망은 실업인 선교회와 함께 조금씩 조금씩 이루어지게 되었고, 10여 년이 넘는 시간이었지만, 저는 마침내 필리핀 의대를 졸업하고 의사의 꿈에 더 가까이 갈 수 있게 되었습니다.

이런 저에게 필리핀 현지에 선교사님과 선교지에 있는 사람들 그리고 현지 교민들을 위한 병원을 세우고자 물심양면으로 지원해 주셔서 마침내 필리핀에 베데스다병원을 설립할 수 있었습니다.

한 작은 아이에게 꿈과 희망을 불어넣어 주시고 기도와 눈물로 20년 동안 키워 주셔서 병원의 원장으로 설 수 있게 해주셨습니다. 목사님께서 가지신 비전을 통해 현재 필리핀 앙헬레스에 수많은 한인 교민들과 선교사님들, 그리고 현지 선교지에 있는 많은 분들이 이 병원을 통해서 양질의 의료 서비스를 받고 있습니다.

한 사람을 키워 내는 것은 오랜 시간이 걸리고 인내심이 많이 필요한 일이지만, 정연철 목사님이 가장 훌륭하게 해내셨습니다. 목사님의 45년간의 성역 가운데 수많은 제자가 길러졌습니다. 그리고 그 제자들은 다 목사님을 아버지로 모십니다. 저에게 정연철 목사님은 아버지입니다.

디모데에게 바울이 있어서 훌륭한 목회자로 키워져 바울을 영적 아버지로 모셨던 것처럼, 정연철 목사님은 수많은 제자들의 영적 아버지이십니다.

이 영적 아버지의 원로목사 추대를 눈물로 축하드립니다. 몸으로 직접 참여하지 못하지만 마음을 다해 아버지의 귀한 날을 축하하고 또 감사하는 마음을 가슴 가득히 채웁니다.

훌륭한 영적 아들을 길러 내 주시고 45년의 성역을 귀하게 이끄신 목사님의 기도와 눈물에 필리핀 앙헬레스 베데스다병원 전 직원을 대표하여 감사드립니다.

필리핀 베데스다병원 최철호 원장

때를 따라 돕는 은혜

존경하는 정 목사님께서 원로목사님으로 추대되심을 진심으로 축하드립니다.

먼저는 하나님의 전적인 은혜요, 다음으로는 당회원들과 성도님들의 정 목사님을 향한 사랑의 결실임을 고백합니다. 앞으로 원로목사님과 사모님의 교회와 성도님들을 위한 합심 기도가 때에 따라 알맞게 응답될 것을 소망합니다.

인천 제2교회 이건영 목사

삶에서 맺힌 성령의 열매

인생에 만남이 참 중요한데, 훌륭한 우리 정연철 목사님을 만난 것이 저에게는 하나님의 은혜입니다. 항상 겸손하고 인자하게 웃으시는 속에 성령의 열매를 볼 수 있는 목사님. 이제 은퇴하시더라도 한국 교회를 주님의 영광의 길로 인도하여 주시는 그런 좋은 길잡이가 되어 주시고 건강하시길 바랍니다. 목사님 감사합니다. 목사님 사랑합니다.

보스턴 한인교회 **장성철** 목사

선한 믿음의 동역자

사랑하고 존경하는 목사님! 20년 전에 미국에서의 만남이 오늘까지 계속되었네요. 목사님께서 이전에 이런 말씀을 하셨습니다.

"한 번 만난 사람과는 끝까지 간다."

그 말씀대로 오늘날까지 목사님과 교제하게 되었습니다. 저는 목사님과 교제하면서 많은 것을 배웠습니다. 목사님의 따뜻한 인품, 교인들을 자신의 생명같이 사랑하는 모습, 주님을 향한 열정,

한국 교회에 대한 애정, 그리고 제자훈련에 혼신을 다하는 모습, 그밖에 예배와 오직 기도에 생명을 거는 거룩한 모습은 이 시대에 흔히 찾아볼 수 없는 하나님의 사람의 모습이었습니다. 그래서 하나님은 목사님을 이 시대에 큰 종으로 불러서 오늘날까지 사용하셨는데 이제 목사님께서 선한 싸움을 싸우고 달려갈 길을 다 가고 믿음을 지키시다가 은퇴를 맞이하게 되니 아쉽고도 한편으로 존경하며 또한 많이 수고하셨습니다. 이제 하나님께서는 목사님께서 은퇴하신 후에도 더욱 큰 사역을 준비해 놓으신 줄 믿습니다.

저는 그동안 목사님과 교재해 온 것이 큰 은혜라고 여깁니다. 제가 미국에서 목회하고 있을 때 저를 한국에 불러 목회하도록 애쓰신 모습을 잊을 수 없습니다. 손수 저의 이력서를 들고 부산 어느 교회에 가셨던 모습은 저에게 감동이었습니다. 이렇게 큰 교회를 담임하고 있는 분이 무엇이 부족하여 저를 이렇게 손수 챙겨주시나 생각하니 그저 감사할 뿐입니다. 그리고 이전에 미국과 캐나다를 함께 여행했던 아름다운 추억들, 그리고 목사님과 삼양교회 교인들과 함께 성지순례를 다녀온 모든 추억들을 잊을 수 없습니다.

목사님 존경합니다. 감사합니다. 그리고 수고하셨습니다.

수원사랑의교회 **김문영** 목사 올림

편지글

담임목사님께

담임목사님, 그동안 몸 건강하십니까?

해외 선교지에 다녀오시느라 얼마나 수고하셨습니까?

저는 시골 남촌에 사는 성도 윤성기입니다.

지금까지 살아오면서 참 많은 역경과 좌절, 실패를 겪었습니다. 가정 파괴까지….

어린아이들 키워 가면서 농촌일, 공장일 하면서, 그러나 나름대로 용기를 가지고 미래를 내다보고 살았습니다. 혼자서 아이 키워 가면서 셋방 생활하고 이집 저집 전전하면서 한없이 눈물을 흘렸습니다. 또 장남으로 태어나서 의지할 곳 없이 혼자 외롭게 살아왔습니다.

저의 고향은 김해시 상동면 매리 4번지입니다. 물금에서 낙동강을 건너면 저의 고향입니다. 옛날에는 나룻배가 있었는데 지금은 없습니다. 부모님은, 아버님은 57세 사망, 어머님은 53세 사망. 하는 수 없이 물금으로 와서 현재까지 살고 있습니다. 아이들은 장성하여 지금 결혼해서 잘 살고 있습니다.

나를 인도해 주신 조귀목 집사님 따라 삼양교회에 갔습니다. 담임목사님 설교를 만족스럽게 듣고 새가족 등록을 하고 6주간 교육을 마치고 수료증도 감사하게 받았습니다. 또 담임목사님 도서『행복을 디자인 하는 전도자』도 받아 지금 다 읽었습니다.

불초한 저를 이렇게 변화시켜 주신 담임목사님과 저를 이끌어 주신 조귀목 집사님께 두 손 모아 감사를 드립니다. 앞으로 하나님께 기도하며 사회에 봉사하는 참된 삼양교회인으로 살겠습니다. 담임목사 정연철 목사님께 진심으로 감사를 드립니다.

물금에서 **윤성기** 집사 올림

닮고 싶은 목사님께.

창문만 열어도 봄의 향기가 느껴집니다.

학교 담장에 흐드러지게 핀 샛노란 개나리꽃은 아이들에게 희망을 주고, 아파트 화단의 동백꽃과 목련화는 아무리 춥더라도 봄은 오고야 만다는 것을 어른들에게 알려 주는 듯합니다. 길가에는 벚꽃들이 화사한 자태를 뽐내며 머잖아 오게 될 것은 봄뿐만이 아니라 여름이라는 것도 같이 이야기해 주는 듯합니다.

목사님, 건강하시지요?

밤낮없이 애쓰시며 목양하시는 목사님을 멀찍이서 뵈면서 저는 늘 제가 철없는 목사님의 딸인 것 같다는 생각을 갖곤 했습니다. 그런 마음이면서도 딸처럼 어느 것 하나 챙겨 드리지 못하고, 목사님을 위해 기도드리기에도 인색했었습니다.

목사님께서는 때때로 저희 가정을 위해서 부드러운 손길을 내미시곤 하셨는데 저는 자격지심에 그 사랑과 관심을 거절하거나 부담스러워 할 때가 많았지요. 목사님의 마음을 헤아리고 위로하거나 격려하기보다는 아프게 하고 어리광 부린 어린 모습의 저희 가정을 보시고 많이 마음 아프셨을 것입니다.

목사님, 그래도 저희 마음속에는 늘 아버지 같은 목사님을 의지하는 마음이 있나 봅니다. 때로는 부모에게 효도한다고 가끔씩 마음먹는 자식들처럼 저도 목사님의 마음에 기쁨이 되고 싶을 때가 있었습니다. 그런데 어떤 방해 요소들이 저의 예쁜 짓을 거두어 버리게 했습니다.

목사님, 지난번 큰딸 하얀이가 합격을 했을 때도 목사님의 모습을 떠올렸습니다. 실기를 치던 날, 중앙대학교 학교교회에서 말씀에 의지하며 기도했습니다. 새해에 하얀이에게 주신 말씀은 마가복음 11장 24절이었습니다. "그러므로 내가 너희에게 말하노니 무엇이든지 기도하고 구하는 것은 받은 줄로 믿으라 그리하면 너희에게 그대로 되리라." 말씀을 이루어 주시고, 우리에게 믿음의 힘을 보여 주신 하나님께 감사하며 목사님과 함께 기쁨을 나누고 싶었는데 무언가가 방해를 했었지요.

목사님, 그때 비로소 깨달았습니다. 한 구절 말씀도 이렇게 힘이 되고 위로가 되는데 우리에게 주신 수많은 구절구절의 말씀들이 있다는 것이 너무 큰 축복처럼 느껴졌습니다. 그 감격과 감사를 목사님과 함께 나누고 싶었는데….

목사님. 저의 마음이나 생활은 연약하지만, 사실은 목사님의 하나님 사랑을 닮고 싶은 양이랍니다. 마음으로는 항상 원하지만 자꾸만 끌어내리려고 하는 것들이 있네요. 내가 변해야 한다고 하는데…. 목사님 조금씩이라도 나아가기 위하여 애를 쓰겠습니다.

목사님, 저희 셋째 딸 빛이가 무용을 한 지도 7년이 되었습니다. 이젠 중학생이 되어 무용가로서의 진로를 놓고도 기도합니다. 저희의 바람은 교회무용에 쓰임 받는 아이가 되어 하나님을 몸으로 표현하며 찬양드리는 아이가 되기를 바라는 마음입니다. 빛이 본인도 그 끝을 가지고 항상 무용을 하게 하였습니다. 하지만 무용 자체의 특성상 생길지도 모르는 위험성과 재정적 문제 때문에 기도가 절실해 필요하다는 것을 많이 느낍니다. 목사님, 늘 빛이의 꿈과 미래를 위해서 기도 많이 해주세요. 그리고 교회에서도 빛이의 달란트가 사용되어지기를 바라는 마음도 있습니다.

목사님, 계절 가는 것도 모르시고 꽃피고 낙엽 지는 것도 제대로 느끼지 못하였다고 하실 때도 왜 제 마음에 아버지의 아픔을 느낄까요? 지금은 봄이 오느라고 한창입니다. 양산 천 강둑도 걸어 보시고 가까운 산이라도 한번 올라 보세요.

늘 건강하시고 평안하세요!

2006년 3월 30일 **박영희** 집사 드림

담임목사님께

목사님 안녕하세요. 저 시진이에요.

목사님 생신 축하드려요!

항상 저희 학교와 학생들을 위해 힘써 주시고 기도해 주셔서 감사합니다. 제가 이 학교에 처음 왔을 때 신앙도 그렇고 정말 부족한 게 많았는데 언니, 오빠, 친구, 동생, 선생님을 통해서 많이 배운 것 같아요. 처음엔 많이 힘들었지만 기도를 통해서 하나님이 저에게 주실 것과 가르신 것이 너무나도 많아서 이렇게 좋은 사람들이 있는 좋은 학교를 다닐 수 있게 해주신 것에 정말 감사해요. 이학교에 온 후로 하루하루 매일 당연하게 여겼던 것이 너무나 감사함을 많이 느끼게 되었어요.

배운 것이 정말 많은 이 학교를 만들어 주시고, 사랑해 주셔서 정말 감사합니다. 또 방학 때 목사님께서 내주신 숙제를 통해서 제가 정말 이루고 싶은 목표가 생겼어요. 제 목표를 이루기 위해서 정말 포기하지 않고 공부하면서 하나님께 기도로 구해 꼭 이룰 거예요.

저에게 목표를 간절히 이루고자 하는 열정과 끈기를 찾게 해주서 감사합니다. 마지막으로 한 번 더 생신 축하드리고 감사합니다.

항상 건강하시고 행복하세요! 사랑합니다.

한빛국제학교 **김시진**

목사님!︿︿

이렇게 편지를 쓰려고 펜을 드니 무슨 말부터 해야 할지 참 모르겠네요.

시간이 참 빨리 가는 것 같아요. 제가 목사님을 만난 지가 벌써 20년이 넘거든요. 징그럽죠? 그동안 무슨 일이 일어났던 걸까요? 저한테 많은 일들이 일어났어요. 그중 제일 큰일은 제가 총신 신대원에 들어와서 전도사가 된 일인 것 같아요. 예전에는 그렇게 신학하던 사람들이 좋지 않게 보이고 뭔가 좀 부족한 사람들로 보였는데 지금 내가 그 자리에 있으니 우습기도 하고, 또 예전의 나 같은 인간이 지금의 나를 보고 '부족한 인간'이라고 속으로 생각하고 있진 않을까 하고 혼자 피식 웃어보고도 합니다.

목사님, 저는 언제부턴가 목사님을 영적인 아버지로 생각해 왔어요. 모르셨죠?^^ 아니면 '저것이 무슨 꿍꿍이가 있는 걸까?' 생각하실 지도 모르겠습니다만. 신학 공부를 하면서 저는 참 행복감을 느끼고 있어요. 그리고 하나님이 나를 여기까지 인도해 주신 것에 시간이 가면 갈수록 감사하고 있습니다. 이 첫발을 내디딜 수 있도록 해주신 분이 바로 목사님이셨어요. 언니들과 내가 평생 감사한 마음을 가지고 있음을 알아 주셨으면 좋겠어요.

목사님, 앞으로의 남은 사역도 건강하게 그리고 아름답게 할 수 있기를 기도합니다. 목사님께서 보여 주신 하나님을 향한 열정을 저도 가슴속에 새기면서 주어진 사역에 임하려고 노력하겠습니다. 목사님! 파이팅! 아자 아자! ^^

추신 : 목사님 바쁘신데 답장은 안 해 주셔도 됩니다.

어버이날을 맞이하여 **김주경** 전도사가

아버지처럼 생각하는 **정연철** 목사님께 ^^

아지랑이 피어오르던 아스팔트의 뜨거움도 어제 일이 되어 버리고 가늘게 하늘거리는 코스모스의 흔들림에 벌써 가을임을 알

게 합니다.

거친 숨소리를 고르며 달려온 2015년, 벌써 결실을 기다리는 10월입니다. 수고하지도 않고 땀 흘리지도 않았으면서 무엇인가를 얻으러 나아가는 내 마음은 빈 수레의 공허함을 알게 합니다. 이러한 내 모습까지도 하나님께서는 사랑하신다고 생각하니 정말 부끄럽습니다. 제가 이렇게 부끄러운 자임에도 목사님께 편지를 드려야겠다고 생각한 것은 제 마음에 기쁨이 가득차고 멈출 수 없는 감사가 생겼기 때문입니다.

교회 마당만 밟아도 마음이 평안하고, 인자하시지만 때로는 호랑이같이 무서운 목사님 말씀이 기다려지는 것은 제 스스로의 마음이 아닌 줄 믿습니다. 이번 이현희 박사님의 세미나를 두 번 들으면서 우리가 자녀를 위하여 정말 진짜로 해야 할 일이 무엇인지, 자녀들이 올바른 목적을 가지고 나아갈 때 부모는 긴 시간 믿음으로 기도로 기다려 주는 일을 해야 하는데 나는 어떻게 했는지 많은 것을 돌아보게 하였습니다. 애쓰고 밤을 꼬박 새워 가며 일할 때 혼자 두고 여름휴가를 떠난 매정한 엄마이고, 힘들어 하는 아이 등 한번 쓸어 주지 못한 야속한 엄마입니다.

눈물이 무릎을 적시고 가슴이 아려오는 통증이 느껴질 즈음, 내 등을 쓸어내리시는 손길이 있었습니다. 하나님께서는 제게 말씀하셨습니다.

'너의 기도는 부족하였지만 너희 자녀들을 위하여 누군가가 열심으로 가슴으로, 눈물로 기도하는 이가 있느니라.'

그분이 담임 목사님이시란 걸기도 중에 금방 알았습니다. 늘 교회학교 아이들 대학, 중고등부들 후학을 위하여 꿈과 비전을 갖고 기도하지는 담임목사님! '아! 그랬군요. 하나님! 바로 목사님의 기도로 우리 은정이, 현정이가 이렇게 범사에 잘 되어 가고 있었군요.' 어리석고 미련한 엄마는 이제야 알게 된 것입니다.

목사님! 저는 언제나 기도에 빚진 자입니다. 좌충우돌하는 나의 신앙을 올바르게 세워 주신 김재철 목사님 어머님의 기도에 빚진 자이며, 저의 가정이 극복하지 못한 어려움 속에 있을 때 한민석 권사님의 그 사랑하심으로 빚진 자 되었으며, 두 자녀를 위한 목사님의 사랑하심과 비전에 빚진 자입니다. 저는 그 사랑을 어떻게 갚아야 할까요?

세이레 특새 기간 동안을 온전히 하나님께 올려 드리며 이제까지 잘못된 나의 '하나님 사랑 방법'을 버리고, 내 믿음의 기초를 다시 든든히 세우겠습니다. 늘 선택의 방법은 하나님께서 기뻐하시는 선택으로 하나님께 여쭙고 한걸음씩 한걸음씩 믿음으로 나아가길 소원합니다. 또 자녀들을 향한 기도는 하나님의 방법대로 쓰이길 소원하며 묻고 나아갈 때 하나님께서 인도해 주실 줄 믿습니다.

끝으로 눈물로, 가슴으로 기도해 주시는 목사님이 계셔서 우리 교회가 너무 너무 좋습니다.

늘 강건하시고 강건하시길 주님의 이름으로 기도합니다.

2015년 10월

성도로도, 엄마로도 부족한 **이장미** 권사 드림

존경하는 목사님께

목사님을 뵈올 때마다 깊은 곳에서 먼저 눈물이 나 자꾸만 눈시울이 적셔지려고 합니다. 온 양들을 먹이시며 돌아보랴 얼마나 피곤하시겠습니까.

제가 삼양교회 온 지가 벌써 5년이 된 것 같습니다(제 신앙생활에 어긋난 것을 꾸짖어 주시면 감사하겠습니다). 제가 처음 교회에 왔을 때만 해도 파란만장해 보이셨는데, 이제는 뒷모습을 볼 때마다 세월이 많이 흘렀다는 것을 깨닫습니다. 더욱더 강하고 건강한 모습으로 주의 사역을 하실 수 있도록 기도합니다.

우리는 날마다 하나님 은혜가 아니면 살아갈 수 없는 무지한 존재인데, 성령의 감화가 일치된 말씀으로, 영적 교통으로, 제단에서 선포되는 말씀이 마치 저의 마음과 생각을 환하게 들여다보시는 것 같았습니다. 밤에 들어가서 기도하고 새벽 제단에 서셨을 때, 제가 기도하는 내용과 똑같은 말씀으로 주실 때마다 희한한 능은 가지신 하나님께 감사드리고, 또 너무너무 놀랍고 신기함을 느꼈습니다. 절로 입술에서 감사만 드려집니다. 많은 양떼가 있지만 우매하고 무지한 저희 가정을 사랑하셔서 목사님의 사랑의 관심 속에 신앙생활 하고 싶습니다.

두렵고 떨리는 마음으로 가시떨기 나무에서 주님의 불같은 광채의 모습을 직접 바라보지 못한 것과 같이 저도 늘 언제나 목사님을 바라보지 못합니다. 하나님께 대하듯 항상 두렵고 떨리는 마음으로 주의 사자인 목사님을 바라봅니다.

양산 제1의 사역자로, 한국의 제일가는 목사님이 되시기를 바라면서

양옥정 집사 드림

존경하는 정연철 목사님께

안녕하세요.

저는 배유성 강도사 사모 백현영이라고 합니다. 자연이 아름다운 양산에서 하나님 허락하신 아름다운 계절들을 보내다가 이제

떠나는 가을을 맞이하니 참 짧기만 합니다.

저희는 삼양교회에서 하나님의 돌보심과 목사님의 말씀으로 2년 동안 강건하게, 그리고 은혜 안에 거하였습니다. 감사드립니다.

제가 이 편지를 적는 이유는 삼양교회에서 하나님이 베풀어 주신 은혜들을 나누고 싶고, 또 몇 가지 기도 부탁을 드리려고 글을 전합니다. 만나 뵙고 말씀드리고 싶으나 서로의 여건과 사정으로 종이 위에 마음을 전함을 너그러이 이해해 주시길 바랍니다.

결혼 후 아이들을 양육하며 6~7년간 자모실에서 드리는 예배와 영적인 고갈 속에 헤매다 아이들이 조금 성장한 후에도 영적인 회복을 다시 일으키기란, 사모의 자리에 있음에도 불구하고 쉽지 않았습니다. 그러던 중 이곳, 삼양교회에 와서 다시 영적으로 회복되기 시작했습니다. 기도와 은사가 회복되고, 하나님과 더욱 가까워지는 시간을 가졌습니다.

큰아이도 눈 때문에 서울대병원을 다녔고, 둘째도 이곳으로 와 중이염 수술을 두 번 하였고, 또 다시 치과치료를 받게 되고 엄마로써 마음이 무너지는 때가 너무 많았었죠. 하지만 기도하면서 하나님의 뜻을 알게 되고 결국 감사만 남게 되었습니다.

한번은 어깨에 담이 걸려 며칠 동안 너무 힘든 날이 있었습니다. 그런데 수요 예배 중에 아픈 어깨의 근육들이 줄어지는 느낌이 나면서 치유 받은 날이 있었습니다. 작은 아픔이었지만 치유 받는 경험은 처음이어서 너무 신기했습니다. 그렇게 여러 가지로 은혜의 회복과 하나님을 더욱 신뢰하고 믿음의 뿌리를 내릴 수 있었던 곳이 이곳 삼양교회입니다. 여러 상황으로 교회를 떠나게 되었지만, 모든 상황 가운데 하나님을 신뢰함으로 감사할 따름입니다. 목사님께도 감사드리며 이곳에서 받았던 은혜들을 나누고 싶어서 이렇게 두서없이 적어 봅니다.

저희는 남편의 수술(성대 낭종)을 위해 이번 주일(29일) 사임 후 오후에 입원을 하게 되어 다음 날 월요일(11월 30일)에 수술을 하게 됩니다. 입원과 퇴원 후, 12월 15일에 태국으로 가족 모두가 단기선교를 떠납니다. 돌아오는 날은 내년 2월 17일입니다. 수술 후 영육이 함께 회복되는 시간을 갖게 되었습니다.

하나님을 더욱 깊이 알아가고, 어디에 있든지 부르신 곳에서 예배하며, 부르심과 소명을 다시금 확인하고, 확신하고 돌아와 더욱 열정적으로 사역에 임할 수 있기를 계속하여 기도하고 있습니다. 그러던 중 목사님 생각이 났습니다.

그동안 부족한 저희 남편과 가정을 위로하시고 기도해 주신 은혜 너무나 감사드립니다. 저희도 떠나 있는 동안 목사님과 삼양교회를 위해서 계속 기도하겠습니다. 요즘 더욱 깊은 말씀과 찬양으로 풍선한 은혜가 임하는 예배를 드릴 수 있어서 정말 행복했습니다. 그동안의 목사님의 기도와 하나님만 사랑하는 마음 때문이겠지요.

이런 교회를 떠나는 마음은 정말 아쉽지만, 하나님의 또 다른 계획을 기대해 보며 믿음의 발걸음을 다시 내딛는 저희를 위해 기도해 주시고 응원해 주시길 소원합니다. 참고로, 이 편지 전함은 저희 남편은 알지 못합니다.^^ 비밀로 해주세요~^^

목사님~ 늘 영육이 강건하기를 기도합니다.

삼양교회에서 행복했던 **백현영 사모** 올림

희망과 신록의 계절 5월.

산천초목을 통하여 하나님의 솜씨에 다시 한번 감사드리며 여기까지도 인도해 주셨던 하나님의 은혜와 목사님의 변함없는 사랑에 깊은 감사를 드립니다. 목사님 사랑합니다. 그리고 축복합니다.

가정의 달을 맞이하여 설교하셨던 가정, 자녀, 남편에 대한 설교들이 이 마음을 아프게 했으며 또한 가정에 대한 모든 테마들로 인해서 떨어져 있는 자녀들이 보고 싶었고 깨어진 가정이 그리웠습니다. 우리 가정 다시 이루고 싶었어요.

고독과 쓸쓸함에 젖은 일이 한두 번이 아닙니다. 여자이기 때문에 사랑받고 싶은 나날들이 한두 번이 아니었습니다. 기도 줄을 안놓치려고 새벽마다 나아가서 부르짖는 기도와 간구를 통해 나오는 하염없는 눈물과 콧물. 왜 하나님께서는 나를 이토록 초라하게 하실까요? 왜 이토록 낮아지게 하실까요? 목사님. 언제까지 이렇게 초라하며 고독해야 합니까? 분명히 하나님은 살아 계시며 역사하시잖아요. 교회를 옮기고 싶은 나날들이 한두 번이 아니었습니다.

사랑하는 목사님!

평양대부흥회 마지막 날 밤 예배 기도회에서 저는 하나님의 음성을 들었습니다.

"내 딸아 내가 너의 눈물을 보았고 외로움과 고독을 알고 너의 상함과 찢겨진 마음도 알고 있단다. 하시면서 너는 가만히 서서 내가 하나님 됨을 알지어다." 하시고 나의 마음을 위로하시면서 하염없이 흐르던 눈물을 닦아 주시더군요. 외로움 속에서도 오늘도 주님을 위한 깨끗한 그릇이 되려고 발버둥치고 애쓰고 있답니다.

사랑하는 목사님. 이 영실이 지치고 쓰러지지 않도록 낙심하지 않도록 기도해주시고 불쌍히 여겨 주세요. 나를 향하신 하나님의 놀라운 계획과 뜻이 분명히 있음을 고백합니다.

알코올중독 환자들과 정신병으로 투병 중인 환자들이 1000여 명이 넘는 형주병원에서 실습을 하고 있습니다. 생명을 다루는 일이라서 날마다 긴장 속에서 실습에 임하고 섬기는 자로써 오늘도 섰습니다. 병원에서 많은 알코올중독 환자들이 일시적인 약물치료를 받고 있지만 열이면 열 명이 바깥에 나가면 10일도 못 가서 가게에 들러 술을 먹고 또 들어온답니다. 정말 술을 끊는 것과 정신병은 하나님의 도우심이 아니고서는 근본적인 치료가 불가능하다는 것을 느낍니다. 병원에서도 많은 환자들이 매주 예배로 하나님께 나아갑니다. 병원에서도 진심으로 하나님을 만난 자들이 치료가 가능하며 새로운 삶, 결단된 삶을 살아가는 것을 봅니다.

목사님. 6월에 실습이 끝남과 동시에 열심히 공부해서 하나님의 도우심으로 10월에 있는 국가자격시험에 합격하도록 기도해 주세요. 또한 주일을 생명이 다하는 그날까지 생명을 걸고 지키려는 나의 마음이 변함이 없습니다. 목사님 꼭 한 가지 약속해 주세요. 주일을 지키면서 일할 수 있는 그러한 병원, 여호와 이레를 기도해 주세요. 작은 물질이라도 주일을 지킬 수 있는 병원 꼭 소망합니다. 꼭 자격증 합격과 하나님께서 인도하시는 병원에 들어갈 수 있도록 기도해 주세요.

오늘도 나를 향하신 하나님의 귀한 뜻이 이뤄지길 소망합니다. 마음에 소원을 이루어 주실 주님을 기대합니다. 찬양합니다. 영적인 부모로서, 스승으로서, 바다처럼 넓은 사랑과 관심과 배려로 기도해 주세요. 깊은 감사를 드립니다.

목사님 감사해요. 그리고 사랑합니다.

2006년 5월 14일 **김영실** 집사 드림

사랑하는 정연철 목사님께

저 다리 다쳐서 드림하우스 온 고명준입니다.

일단 생신 축하드려요.^^ 우연찮게 드림하우스 와서 처음엔 어색했는데 주일날 목사님이랑 점호도 하고 말씀 나누니까 너무 좋았어요. 평소에 늦게 일어나고 청소도 잘 안 해서 죄송합니다. 앞으로 더 잘하겠습니다.

저는 고등학교 2학년이어서 내년까지 있을 것 같은데 2021년도 목사님과 지내고 싶습니다. 이 학교 들어오기 전엔 게으르고, 정리정돈 안 하고 방탕했는데 기숙사 오고 친구들이랑 방 쓰면서 같이 안 하던 청소도 하고 새벽기도 해서 제가 많이 성장하고 발전한 것 같습니다. 또 드림하우스 와서 목사님 지도 아래 더 많이 배우고 성장했습니다. 그래도 많이 부족하니 더 지도해 주세요. 항상 저희 위해 기도해 주셔서 감사하고 사랑합니다. 목사님이랑 말씀 나눌 때 많은 은혜 받습니다.

항상 건강하시고 하나님과 동행하시는 삶, 복되고 쓰임 받는 삶

되시기를 축복합니다.

진심으로 생신 축하드리고 사랑합니다.

HAPPY BIRTH DAY! I LOVE YOU!

한빛국제학교 고명준 올림

정연철 담임목사님께

안녕하세요! 저는 고등학교 2학년 이은민입니다. 지난 스승의 날 때 편지로 찾아뵈었는데 이번엔 생신을 맞이해서 이렇게 편지를 쓰네요! 믿음의 대선배이신 목사님! 생신을 진심으로 축하드립니다.

매번 한 달에 한 번씩 생일상은 먹을 때 식당까지 발걸음하셔서 저희를 위해서 기도해 주시고 저희를 위해 신문도 매일 보내 주시고 정말 여러모로 감사드립니다.

목사님께서 항상 보여 주시고 느끼게 해주시는 하나님의 사랑을 받기만 하는 것이 아니라 세상이 전하며 이웃사랑을 몸소 실천하는 제가 될게요!

존경하는 목사님. 요즘 코로나와 더불어 날씨도 말썽인데 항상 건강하시길 기도할게요!

제가 준비한 건 비록 편지 한 장에 불과하지만 목사님을 위해서 항상 아침, 저녁으로 기도할게요!

사랑하고 감사합니다. 목사님 ^^

2020년 8월 7일 (금) 한빛국제학교 **이은민** 올림

정!! 정갈한 식사로 기운을 드리고 싶었습니다.
영의 싸움을 치열하게 치르실 우리 목사님…

연!! 연둣빛 새순들이 어느새 진 푸른 녹음으로 우거지는
음력 6월, 생신을 축하드립니다.

철!! 철을 따라 열매 맺는 아름드리 큰 나무처럼
한국 교회와 이 땅의 역사에
좋은 열매, 좋은 씨앗, 큰 그늘 되어 주세요.

언젠가… 목사님 사모님께 손수 식사를 차려 드리고 싶은 마음을 담아, 작년처럼 목사님 생신 기념 3행시로 축하와 감사를 전합

니다.

하나님께서 목사님을 선하신 길로 의의 길로 인도하시리라 믿는 믿음으로, 목사님 곁에서 작은 소자로 쓰임 받는 사무 간사 되길 원합니다.

늘 건강하시고 더 많이 존경받으시는 우리 아버지, 우리 목사님 되시길 간절히 원합니다.

목사님의 2014년 생신날에 **이재을** 간사 올림

사랑하고 존경하는 목사님께

안녕하세요. 목사님. 저는 고등부 제갈성현 학생입니다. 존경하는 목사님의 생신을 축하드리고자 이렇게 적어 봅니다.

목사님께 직접 제 마음을 전하기는 삼양교회 16년 다니면서 처음인 것 같네요. 우리 삼양교회를 위해 항상 기도하심이 너무 존경스럽고 감사해요. 요즘은 기도하는 목회자도 많이 없다고 하는데 목사님은 항상 누구보다 먼저 저희를 위해, 이 땅을 위해 기도하셔서 그 모습에 저도 도전이 돼요. 저는 예수님은 믿은 지 19년이 됐지만 나의 하나님을 영접한 건 3년 된 아직 어린아이지만 하나님께서 어찌 저를 사랑하시는지 담임목사님과 부목사님, 믿음의 선배들의 기도와 도움으로 너무나 많이 달라진 제 삶을 발견하게 됐어요. 저를 삼양교회로 인도해 주신 하나님께, 삼양교회를 지켜 주신 목사님께 너무나 많은 감사를 드려요! 예수님을 영접한 지 얼마 안 된 저에게 목회라는 비전을 하나님께서 심어 주셨어요. 짧은 3년간 하나님께서 너무나 많은 역사를 보여 주셨고, '내가 먹든지 마시든지 무엇을 하든지 하나님의 영광을 위하여 하라'는 말씀을 새기고 제 삶을 하나님께 드리고자 해요. 이 세상 모두가 하나님을 믿고, 주님 오실 그날까지 이 세상 모든 생명이 하나님을 높이는 그날이 꼭 오리라고 확신해요. 우리 모두 속에 계신 그 하나님의 사랑을 어떤 피조물도 끊을 수 없다고 성경이 말하고 있으니까요(롬 8:38-39).

제가 목회의 꿈을 가지고 기도하며 지내다 보니 정말 담임목사님께 배울 것이 정말 너무너무 많은 것 같아요. 담임목사님의 『오직 너 하나님의 사람아』 책을 학교에서 눈물로 읽었습니다. 목사님께 참 배울 것이 한 영혼을 사랑하는 것, 한 영혼의 가치를 잃지 않는 것인 것 같아요. 저도 정말 한 영혼을 사랑하는 마음을 잃지 않고 목회하기를 기도하겠습니다. 이 세상에서 하나님을 전할 수 있는 일이라면 목숨을 걸고라도 해내는 제가 되겠습니다. '살고자 하는 자는 죽고 죽고자 하는 자가 산다'고 하신 것처럼 한 알의 밀알이 되어서 이 썩어가는 세상을 하나님의 복음으로 채워 나가겠습니다. 제게 이 모든 비전을 주신 하나님과 담임목사님께 영광과 감사를 드리며! 사랑하는 담임목사님. 칠순을 진심으로 축하드립니다.

앞으로도 항상 건강하시고 이 세상에 선한 영향력을 아낌없이 미칠 수 있도록 항상 깨어 기도하겠습니다. 목사님, 항상 감사하고 존경하며 사랑합니다.

2019년 7월 6일 목사님을 너무 사랑하는 예수님의 자녀 **제갈성현** 올림

사랑하고 존경하는 나의 목사님!

오늘 새벽은 왜 그리도 눈물이 났는지 한참을 울다 교회를 나왔습니다.

지금까지 나의 참 스승이시고 언제나 가까이하기엔 제가 너무나 어려서 목사님을 섬기지 못했던 것들에 대한 후회와 반성의 눈물이었습니다.

나의 호흡과도 같았던 목사님께 받은 은혜만큼 섬기지 못한 일들 용서해 주세요. 지혜롭게 분별하며 정직과 진실하게 섬기는 직분자가 되겠습니다. 직분은 두려운 것이 아니라 걸레로 살아가는

자리라는 것을 깨달았습니다.

목사님 늘 강건하세요. 지금까지 인도해 주셔서 감사드립니다.

제가 오늘은 꼭 목사님께 저의 마음을 전달하고 싶어서 실례인 줄 알면서도 문자를 드립니다.

목사님 사랑합니다.

22020년 9월 20일 **이은주** 집사 올림

사랑하고 존경하는 목사님~

교회에서 함께 모이지 못하는 아쉬움 속에서 드리는 특별새벽기도지만 목사님을 통해서 주시는 하나님의 주옥같은 말씀!

예배의 성공자 되라.

말씀에 순종하라.

섬기는 성숙한 성도 되라.

이 말씀이 구구절절 은혜가 되고 마음에 와 박힙니다.

43년 동안 교회에서 예배를 드려온 저이지만 삼양교회를 통해 진정한 회개와 하나님의 치유하심과 나의 삶을 이끄시는 주님을 만나게 되어 얼마나 감사하고 또 감사한지요. 그리고 설교가 삶이 되시고 하나님과 교회를 지독하리만큼 사랑하시는 목사님을 만나게 된 것도 감사하고 감사합니다.^^ 그리고 목사님을 존경하고 사랑합니다.

17일차 특별 새벽기도를 드리면서 덜컥 겁이 나면서 슬퍼졌습니다. 어디에서도 들어보기 힘든 지독하리만큼 교회와 하나님 사랑하시며 설교가 삶이 되시는 목사님의 말씀을 매주 듣지 못할 수도 있겠다고 생각하니 말입니다. 그리고 훌륭한 장로님, 안수집사님, 여러 선배 권사님들이 많이 계시기에 나 같은 작은 존재는 목사님께 전화하고 문자드리는 것이 필요하지 않다고 생각했는데 오늘은 감사하고 존경하고 사랑하는 맘으로 용기를 내어 문자를 보내봅니다.^^*

항상 목사님과 교회를 위해 기도하며 부족한 것 많은 작은 자이지만 목사님 본받아서 하나님이 기뻐하시는 일에 순종하며 교회를 섬기도록 노력하겠습니다.

죄송하고 감사하며 존경하고 사랑하는 맘으로

장해정 권사 올림

복음의 큰 숲을 이룬 우리 목사님

사랑교구 **오성순** 전도사

■ 집요한 사모함과 기도생활로 은혜를 체험한 우리 목사님

군에서 처음 전도를 받아 교회에 간 그날부터 예수 믿는 사람들에게서 느껴지는 평안과 기쁨을 사모하여 부흥회 참석과 20일 작정기도를 하며 예배마다 30분 전에 가서 기도하다가 불을 받아 세상에 그 무엇과도 바꿀 수 없는 기쁨과 평안을 소유하신 우리 목사님입니다.

■ 아브라함의 하나님, 이삭의 하나님, 야곱의 하나님을 자신의 하나님으로 만난 우리 목사님.

은혜를 받고 난 뒤 사과상자로 되어 있는 강대상을 바꾸고 싶어 월남전에 자원입대하여 번 돈으로 강대상을 바꾸시고 그 강대상 곁에서 자다가 하나님을 만나신 우리 목사님. 마치 야곱이 벧엘에서 돌베개 배고 자다가 꿈을 꾸는데 하늘 사닥다리가 있고 천사가 오르내리는 모습을 보고 잠이 깨어 돌베개 하던 것을 제단을 삼아 예배를 드린 것처럼 강대상을 헌물하고 그 곁에서 잠을 자다 하나님의 음성을 들으신 우리 목사님입니다.

■ 인생의 실패와 좌절을 딛고 일어서신 우리 목사님

거듭되는 사업 실패로 낙심하고 절망할 수밖에 없는 상황 속에서도 고향의 부모님 집으로 돌아가지 아니하고 김천 용문산으로 들어가 굴속에 거주하며 낮엔 성경 읽고 밤엔 기도를 하며, 수년간 산속에 있는 열매와 식물들로 배를 채우며 하나님만을 의지하는 훈련을 통과하신 우리 목사님입니다.

■ 일사각오의 기도로 기적의 역사를 일구신 우리 목사님

자격요건을 갖추지 못했음에도 불구하고 양지교회를 자원하여 교회를 지키는 관리직으로 임명받아 부임한 시골교회는 울타리도 없는 3평짜리 교회라기보다는 기도 처소에 불과했습니다. 마을에는 손 씨 문중 75세대가 살고 있었는데, 할머니 한 분이 암에 걸려 희망이 없어 죽음을 기다리는 중이었습니다. 목사님이 그곳에 찾아가서 10일 동안 집안 모두가 참석하는 예배를 드리자고 건의하여 예배를 드리며 생명을 바꾸는 기도를 통해 할머니를 살려 냈고, 그 마을에 교회를 세우기까지 기도로 승리하신 우리 목사님입니다.

■ 복음의 큰 숲을 이룬 우리 목사님

제자훈련, 장수대학, 벧엘어린이집, 벧엘공부방, 삽량문화축전

기간 동안 국수와 빈대떡으로 섬기기, 해외선교, 국내선교, 한빛
국제학교, 인도학교, 필리핀에 베데스다병원 설립, 이단세미나,
양산성시화를 위한 일천번제 금식 릴레이기도 등. 지칠 줄 모르고
하나님을 의지하여 달리시며 일하시는 우리 목사님입니다.

　목사님과 심방을 하면서 들었던 이야기이고, 목사님의 저서를
통해서 읽었던 이야기들이고, 목사님의 설교시간들 속에 간증을
통하여 들었던 이야기 임에도 불구하고 다시 읽는 순간 마음이 숙
연해지고 목사님의 신앙의 걸음걸음이 위대하게 느껴졌습니다.
　아무나 따라갈 수 없는 길, 누구도 흉내조차 내기 어려운 삶을
살아내신 대단하신 분이 우리목사님이어서 감사하고 참 좋습니
다. 감히 그 어떤 부분도 흉내 낼 수 없지만 기도만이라도 해야겠
다고 다짐하고 한 주간 기도에 몰입하며 은혜를 사모하였습니다.
　목사님 존경합니다.

인생의 시간

세계밀알연합 (사)양산밀알선교단 一海. 崔曜韓 목사

시간을 아끼고 귀중함을 아는 자
시간의 소중함을 비웃는 자
시간을 무시하다 실패의 나락에 떨어져 고통당하는 자.
인생의 시간은 덧없이 흘러간다.

멀리서, 그리고 가까이서 바라본 정연철 목사님! 오래 전에 목사님과 차를 마시며 함께한 시간이 기억납니다.

소매 깃이 헤어진 와이셔츠와 양복이 순간 내 시야에 들어왔습니다. 문득 지나가는 상념 속에 나의 지나온 시간들! 목회 여정이 스쳤습니다. '과연 나는 목사님처럼 사역의 시간들을 귀하게 여겨 왔던가?' 고개가 숙여졌습니다. 항상 나보다 남을 먼저 헤아리며, 실천적인 사랑으로 귀한 사역의 시간들을 채워 오신 목사님!

하나님의 시간표에는 은퇴가 없다. 목사님의 귀한 사역의 시간들 영원하리라!
시 한편을 목사님께 올리고자 합니다.

가을이 좋다오

나뭇잎 꽃들 모두가 떨고 있다
끝내 말없이 돌아가야 할
시간이 왔다

바람은 들녘에서 휘파람 불며
떠나는 연습을 하고 있다
오색 단풍 물결 떠날 채비를 하네

느낌이 있네
따뜻한 손을 잡아 함께 흔드네
시간이 다가온다
끝내 돌아가야 할 시간
아쉬운 마음 가득하네
나는 가을이 좋다오.

하나님의 호의를 입은 그대에게

초판 1쇄 발행 2020년 10월 12일

지은이	정연철
발행인	이영훈
편집인	김영석
편집장	박인순
기획·편집	강지은
디자인	김한희

펴낸곳	교회성장연구소
등 록	제 12-177호
주 소	서울시 영등포구 여의공원로 101 CCMM B/D 703B호
전 화	02-2036-7928(편집팀)
팩 스	02-2036-7910
홈페이지	www.pastor21.net
페이스북	www.facebook.com/pastor21

ISBN | 978-89-8304-303-0 03230

"무슨 일을 하든지 마음을 다하여 주께 하듯 하라"(골 3:23)

교회성장연구소는 한국 모든 교회가 건강한 교회성장을 이루어 하나님 나라에 영광을 돌리는 일꾼으로 성장하는 것을 목표로, 목회자의 사역은 물론 성도들의 영적 성장을 도울 수 있는 필독서들을 출간하고 있다. 주를 섬기는 사명감을 바탕으로 모든 사역의 시작과 끝을 기도로 임하며 사람 중심이 아닌 하나님 중심으로 경영한다. "무슨 일을 하든지 마음을 다하여 주께 하듯 하라"는 말씀을 늘 마음에 새겨 하나님께서 주신 사명을 기쁨으로 감당한다.